BULLETIN OFFICIEL
DU MINISTÈRE DE LA GUERRE.

ÉDITION MÉTHODIQUE.

TICE MILITAIRE

DISPOSITIONS DIVERSES

Volume arrêté à la date du 15 juin 1925

CHARLES-LAVAUZELLE & Cie
Editeurs militaires
PARIS, Boulevard Saint-Germain, 124
LIMOGES, 62, Avenue Baudin | 53, Rue Stanislas, NANCY

N° 59[4]

BULLETIN OFFICIEL
DU MINISTÈRE DE LA GUERRE.

ÉDITION MÉTHODIQUE.

JUSTICE MILITAIRE

DISPOSITIONS DIVERSES

Volume arrêté à la date du 15 juin 1925

CHARLES-LAVAUZELLE & Cie
Editeurs militaires
PARIS, Boulevard Saint-Germain, 124
LIMOGES, 62, Avenue Baudin | 53, Rue Stanislas, NANCY

BULLETIN OFFICIEL
DU MINISTÈRE DE LA GUERRE.

ÉDITION MÉTHODIQUE.

JUSTICE MILITAIRE

1

AFFECTATION A DONNER AUX JEUNES SOLDATS CONDAMNÉS A L'AMENDE.

Circulaire interprétative de l'article 5 *de la loi du* 15 *juillet* 1889 (1), *en ce qui concerne les jeunes soldats ayant été condamnés à l'amende.*

Paris, le 30 janvier 1899.

Mon cher Général, j'ai été amené à me préoccuper de la situation qui doit être faite, au point de vue de l'application de l'article 5 de la loi du 15 juillet 1889 (1), aux jeunes soldats ayant encouru, avant leur incorporation, soit deux condamnations à l'amende seulement, soit deux condamnations dont l'une à moins de trois mois d'emprisonnement et l'autre à l'amende, prononcées chacune pour l'un des délits spécifiés à l'article 5 de la loi du 15 juillet 1889 (1).

De l'examen de cet article, pris dans son ensemble, ainsi que des travaux préparatoires, il résulte que le législateur, dans

(1) Actuellement, loi du 1er avril 1923.

le cas prévu par ledit article, a eu exclusivement en vue des peines privatives de la liberté.

S'il s'agit, en effet, d'une première condamnation, le paragraphe 2 (1) de l'article 5 susvisé exige une peine d'emprisonnement d'une certaine durée. S'il s'agit d'un récidiviste, la condition de temps disparaît : l'incorporation aux bataillons d'infanterie légère d'Afrique est prescrite, quelle qu'ait été la durée des deux peines prononcées.

Mais les termes mêmes de la loi : « Ceux qui ont été l'objet de deux condamnations au moins, quelle qu'en soit la *durée...* (2) » excluent nécessairement les peines pécuniaires.

En conséquence, et bien que la présence dans les régiments des jeunes soldats dont il s'agit soit un danger de contamination, j'ai décidé, en présence des termes stricts de la loi, qu'ils seraient, lors de leur appel à l'activité, dirigés sur leur corps d'affectation.

Je vous prie de vouloir bien donner les ordres nécessaires pour assurer les effets de cette décision.

C. DE FREYCINET.

II

DÉCORATIONS.

Circulaire relative aux militaires titulaires de croix ou médailles qui s'attireraient une condamnation.

Paris, le 8 février 1896.

Les lois et décrets relatifs aux médailles commémoratives des expéditions et opérations militaires ont appliqué aux titulaires de ces médailles la législation disciplinaire de la Légion d'honneur.

Par suite, il convient de procéder, à l'égard des militaires décorés de ces médailles qui viendraient à encourir une condamnation, ainsi qu'il est prescrit par les articles 40 du décret du 16

(1) Actuellement, alinéa n° 3 de l'article 5 de la loi du 1er avril 1923.
(2) Actuellement, alinéa n° 9 de l'article 5 de la loi du 1er avril 1923.

mars 1852, 5 du décret du 24 novembre de la même année et 151 du Code de justice militaire, pour les membres de la Légion d'honneur et les décorés de la médaille militaire ou d'ordres étrangers.

En conséquence, il y a lieu d'adresser au Ministre de la guerre (Justice militaire), dès que le jugement sera devenu exécutoire, le dossier de la procédure concernant les individus membres de la Légion d'honneur, décorés de la médaille militaire, de médailles commémoratives ou d'ordres étrangers qui seront condamnés par un conseil de guerre de l'armée de terre, quelle que soit la nature de la peine prononcée contre eux.

Ce dossier sera accompagné d'une expédition du jugement (formule n° 16 *bis*) qui indiquera les condamnations encourues antérieurement et mentionnera si le condamné s'est pourvu ou non en revision ainsi que la date du jour où le jugement est devenu définitif pour recevoir son exécution à compter du...

Il demeure entendu que, pour les condamnés à une peine afflictive et infamante, on se bornera à envoyer un extrait du jugement (formule n° 18), mais en indiquant la date exacte du jour où la dégradation militaire aura été subie.

Sont abrogées toutes dispositions contraires aux prescriptions de la présente circulaire, qui remplace les circulaires des 20 janvier 1857, 26 avril 1858, 27 janvier 1860, 27 mai 1861, 28 avril 1864, 18 avril 1868 et la note du 15 février 1886.

III

ESPIONNAGE.

Loi établissant des pénalités contre l'espionnage.

Paris, le 18 avril 1886.

Le Sénat et la Chambre des députés ont adopté,

Le Président de la République promulgue la loi dont la teneur suit :

Art. 1er. Sera puni d'un emprisonnement de deux ans à cinq ans et d'une amende de mille à cinq mille francs :

1° Tout fonctionnaire public, agent ou préposé du gouvernement qui aura livré ou communiqué à une personne non qualifiée pour enpren dre connaissance, ou qui aura divulgué en tout ou en partie les plans, écrits ou documents secrets intéressant la défense du territoire ou la sûreté extérieure de l'Etat qui lui étaient confiés ou dont il avait connaissance à raison de ses fonctions.

La révocation s'ensuivra de plein droit;

2° Tout individu qui aura livré ou communiqué à une personne non qualifiée pour en prendre connaissance, ou qui aura divulgué en tout ou en partie les plans, écrits ou documents ci-dessus énoncés qui lui ont été confiés ou dont il aura eu connaissance soit officiellement, soit à raison de son état, de sa profession, ou d'une mission dont il aura été chargé;

3° Toute personne qui, se trouvant dans l'un des cas prévus dans les deux paragraphes précédents, aura communiqué ou divulgué des renseignements tirés desdits plans, écrits ou documents.

Art. 2. Toute personne, autre que celles énoncées dans l'article précédent, qui, s'étant procuré lesdits plans, écrits ou documents, les aura livrés ou communiqués en tout ou en partie à d'autres personnes, ou qui, en ayant eu connaissance, aura communiqué ou divulgué des renseignements qui y étaient contenus, sera punie d'un emprisonnement de un à cinq ans et d'une amende de cinq cents à trois mille francs.

La publication ou la reproduction de ces plans, écrits ou documents, sera punie de la même peine.

Art. 3. La peine d'un emprisonnement de six mois à trois ans et d'une amende de trois cents francs à trois mille francs sera appliquée à toute personne qui, sans qualité pour en prendre connaissance, se sera procuré lesdits plans, écrits ou documents.

Art. 4. Celui qui, par négligence ou par inobservation des règlements, aura laissé soustraire, enlever ou détruire les plans, écrits ou documents secrets qui lui étaient confiés, à raison de ses fonctions, de son état ou de sa profession, ou d'une mission dont il était chargé, sera puni d'un emprisonnement de trois mois à deux ans et d'une amende de cent à deux mille francs.

Art. 5. Sera punie d'un emprisonnement de un à cinq ans et d'une amende de mille à cinq mille francs :

1° Toute personne qui, à l'aide d'un déguisement ou d'un faux nom ou en dissimulant sa qualité, sa profession ou sa nationalité, se sera introduite dans une place forte, un poste, un navire de l'Etat ou dans un établissement militaire ou maritime;

2° Toute personne qui, déguisée ou sous un faux nom ou en dissimulant sa qualité, sa profession ou sa nationalité, aura levé des plans, reconnu des voies de communication ou recueilli des renseignements intéressant la défense du territoire ou la sûreté extérieure de l'Etat.

Art. 6. Celui qui, sans autorisation de l'autorité militaire ou maritime, aura exécuté des levés ou opérations de topographie dans un rayon d'un myriamètre autour d'une place forte, d'un poste, ou d'un établissement militaire ou maritime, à partir des ouvrages avancés, sera puni d'un emprisonnement de un mois à un an et d'une amende de cent à mille francs.

Art. 7. La peine d'un emprisonnement de six jours à six mois et d'une amende de seize à cent francs sera appliquée à celui qui, pour reconnaître un ouvrage de défense, aura franchi les barrières, palissades ou autre clôtures établies sur le terrain militaire, ou qui aura escaladé les revêtements et les talus des fortifications.

Art. 8. Toute tentative de l'un des délits prévus par les articles 1, 2, 3 et 5 de la présente loi sera considérée comme le délit lui-même.

Art. 9. Sera punie comme complice toute personne qui, connaissant les intentions des auteurs des délits prévus par la presente loi, leur aura fourni logement, lieu de retraite ou de réunion, ou qui aura sciemment recélé les objets et instruments ayant servi ou devant servir à commettre ces délits.

Art. 10. Sera exempt de la peine qu'il aurait personnellement encourue le coupable qui, avant la consommation de l'un des délits prévus par la présente loi ou avant toute poursuite commencée, en aura donné connaissance aux autorités administratives ou de police judiciaire, ou qui, même après les poursuites commencées, aura procuré l'arrestation des coupables ou de quelques-uns d'entre eux.

Art. 11. La poursuite de tous les délits prévus par la présente loi aura lieu devant le tribunal correctionnel et suivant les règles édictées par le Code d'instruction criminelle. Toutefois, les militaires, marins ou assimilés demeureront soumis aux juridictions spéciales dont ils relèvent, conformément aux Codes de justice militaire des armées de terre et de mer.

Art. 12. Indépendamment des peines édictées par la présente loi, le tribunal pourra prononcer, pour une durée de cinq ans au moins et de dix ans au plus, l'interdiction de tout ou partie des droits civiques, civils et de famille énoncés en l'article 42 du Code pénal, ainsi que l'interdiction de séjour prévue par l'article 19 de la loi du 28 mai 1885.

Art. 13. L'article 463 du Code pénal est applicable aux délits prévus par la présente loi.

La présente loi, délibérée et adoptée par le Sénat et par la Chambre des députés, sera exécutée comme loi de l'Etat.

Loi du 14 novembre 1918, tendant à assurer plus complètement la répression des crimes et délits contre la sûreté extérieure de l'Etat.

Art. 1er. Dans tous les cas où une condamnation est prononcée à raison de l'un des crimes ou délits prévus par la section 1re, chapitre 1er, titre 1er, livre 3, du Code pénal intitulée « Des crimes et délits contre la sûreté extérieure de l'Etat », par les articles 204, 205, 206 et 208 du Code de justice militaire pour l'armée de terre, par la première disposition de l'article 262 et les articles 263, 264, 1°, 2° et 3°, et 265 du Code de justice militaire pour l'armée de mer, et enfin, par les articles 1er, 2 et 3 de la loi du 18 avril 1886 tendant à établir des pénalités contre l'espionnage, ce que le coupable aura reçu sera confisqué.

Lorsque les choses reçues n'auront pu être saisies, les juges, pour tenir lieu de leur confiscation, prononceront au profit du Trésor public une condamnation au payement d'une somme égale à leur valeur.

Art. 2. Pour le recouvrement des condamnations prononcées en vertu des dispositions ci-dessus, à défaut de confiscation, le Trésor public a un privilège général qui prend rang entre les numéros 1 et 2 de l'article 2101 du Code civil.

Art. 3. Dans tous les cas où une condamnation est prononcée à raison de l'un des crimes énumérés par l'article 1er de la présente loi, les juridictions compétentes prononceront la confiscation, au profit de la nation, de tous les biens présents et à venir du condamné, meubles, immeubles, divis ou indivis, de quelque nature qu'ils soient.

Si le condamné est marié ou s'il a des enfants ou des ascendants, il sera procédé à la liquidation et au partage de ses biens conformément aux règles du droit commun. La quotité disponible seule sera vendue au profit de la nation, le reste des biens devenant la propriété des réservataires.

L'aliénation des biens confisqués sera poursuivie par l'administration des domaines et réalisée dans la forme prescrite pour la vente des biens de l'Etat.

La confiscation générale demeurera grevée de toutes les dettes légitimes jusqu'à concurrence de la valeur des biens confisqués.

Art. 4. Sont et demeurent confisquées au profit de l'Etat les sommes séquestrées ou saisies-arrêtées depuis le 2 août 1914 comme produits certains des crimes visés à l'article 1er de la présente loi.

IV

EXPERTISES MÉDICALES.

Notification d'un avis du comité du contentieux au sujet de l'application devant la juridiction militaire, de la loi du 30 novembre 1892 sur l'exercice de la médecine et du décret du 21 novembre 1893.

Paris, le 10 juillet 1914.

Le Comité du Contentieux et de la Justice militaire, consulté sur la question de savoir si l'article 14 de la loi du 30 novembre 1892 sur l'exercice de la médecine et le décret du 21 novembre 1893 rendu en exécution sont applicables devant les tribunaux militaires, a, dans sa séance du 4 avril 1914, émis l'avis :

« 1° Que l'article 14 de la loi du 30 novembre 1892 sur l'exercice de la médecine est applicable devant la juridiction militaire, en ce sens que les expertises médicales ne peuvent être confiées, par cette juridiction comme pour toutes autres, qu'à des docteurs en médecine français;

« 2° Que les rédacteurs du décret du 21 novembre 1893 n'ayant pas eu en vue les juridictions militaires, ce décret ne leur est pas applicable, et qu'elles conservent le droit de désigner comme experts, dans les conditions de la loi du 30 novembre 1892, des médecins militaires de leur choix. »

Le Ministre se rallie à cet avis.

V

EXTRADITION.

Circulaire portant que le mandat d'arrêt doit être accompagné de l'exposé des faits incriminés.

Paris, le 15 décembre 1877.

Le Ministre de la guerre fait connaître que, d'après les observations de M. le Ministre de la justice, il est indispensable que le mandat d'arrêt et autres pièces produites pour obtenir l'extradition d'un militaire soient accompagnés de l'exposé des faits délictueux.

La production de cette dernière pièce a pour objet de mettre le gouvernement du pays de refuge à même de s'assurer si le fait incriminé constitue un crime ou un délit dans la législation de ce même pays.

Il y a lieu d'adresser des instructions à MM. les membres des parquets militaires, afin que l'exposé dont il s'agit soit toujours annexé, à l'avenir, au mandat d'arrêt, lequel doit contenir en marge, indépendamment du signalement de l'individu recherché, la copie textuelle de la loi pénale applicable au fait incriminé.

VI

FRAIS DE JUSTICE.

Circulaire prescrivant la mention du montant des frais de justice sur les extraits de jugements ou d'arrêts concernant les soldats condamnés par les tribunaux ordinaires.

Paris, le 23 décembre 1890.

Mon cher Général, j'ai l'honneur de vous transmettre ci-joint copie d'une circulaire en date du 9 août 1889, par laquelle M. le Garde des sceaux, Ministre de la justice, a prescrit à MM. les procureurs généraux de recommander à tous les greffiers de leur ressort de mentionner avec le plus grand soin le montant des frais de justice sur les extraits de jugements ou d'arrêts adressés aux prisons militaires et concernant les soldats condamnés par les tribunaux ordinaires.

Ces recommandations n'étant pas toujours exactement suivies, j'ai pensé qu'il serait utile de placer sous les yeux des officiers ou agents chargés de la direction des établissements pénitentiaires et prisons militaires le texte même de ladite circulaire, afin de leur permettre de réclamer ces renseignements à qui de droit, chaque fois qu'ils ne seront pas fournis.

Je vous serai obligé de vouloir bien donner les ordres nécessaires pour assurer les effets de cette mesure.

C. de Freycinet.

Circulaire.

GREFFIERS. — EXTRAITS DE JUGEMENTS ET D'ARRÊTS. MILITAIRES. — MENTIONS DES FRAIS.

(9 août 1889.)

Monsieur le Procureur général,

Par une dépêche en date du 26 juillet dernier, M. le Ministre de la guerre me fait connaître qu'à la suite de leur tournée annuelle, MM. les contrôleurs de l'armée lui ont fait parvenir des observations desquelles il résulte que les extraits de jugements ou d'arrêts adressés par les greffiers des tribunaux ordinaires aux prisons militaires ne font presque jamais mention des frais de justice qui incombent aux soldats condamnés.

Je vous prie de vouloir bien recommander à tous les greffiers de votre ressort de veiller désormais avec le plus grand soin à ce que des omissions aussi préjudiciables pour le Trésor ne se renouvellent pas.

Vous voudrez bien m'accuser réception de la présente circulaire.

Recevez, etc.

Pour le Garde des sceaux, Ministre de la justice et des cultes,
et par autorisation :

Le Directeur des affaires criminelles et des grâces,
Signé : Dumas.

VII

IVRESSE.

Loi du 1er octobre 1917 sur la répression de l'ivresse publique et sur la police des débits de boissons.

Art. 1er. Sera puni d'une amende de un à cinq francs (1 à 5) inclusivement, quiconque sera trouvé en état d'ivresse manifeste dans les rues, chemins, places, cafés, cabarets, ou autres lieux publics.

Il y a récidive lorsque, depuis moins de douze mois, le contrevenant a subi une condamnation pour la même infraction.

En cas de première récidive, la peine d'emprisonnement pendant trois jours au plus sera prononcée.

Art. 2. En cas de nouvelle récidive, dans les douze mois qui auront suivi la deuxième condamnation, l'inculpé sera traduit devant le tribunal de police correctionnelle et puni d'un emprisonnement de six jours à un mois et d'une amende de seize francs (16 francs à 300 francs) à trois cents francs.

Quiconque ayant été condamné en police correctionnelle pour ivresse depuis moins d'un an, s'est de nouveau rendu coupable du même délit, sera condamné au maximum des peines indiquées au paragraphe précédent, lesquelles pourront être élevées jusqu'au double.

Art. 3. Toute personne qui aura été condamnée deux fois en police correctionnelle pour délit d'ivresse manifeste, conformément à l'article précédent, sera déclarée, par le second jugement, incapable d'exercer pendant deux ans, à partir du jour où la condamnation sera devenue irrévocable, les droits suivants : 1° de vote et d'élection; 2° d'éligibilité; 3° d'être appelée ou nommée aux fonctions de juré ou autres fonctions publiques ou aux emplois de l'administration, ou d'exercer ces fonctions ou emplois; 4° de port d'armes. Elle pourra, en outre, être déchue, à l'égard de ses enfants et descendants, de la puissance paternelle et des droits énumérés à l'article 1er de la loi du 24 juillet 1889.

Art. 4. Seront punis d'une amende d'un à cinq francs (1 à 5

francs) inclusivement, les cabaretiers, cafetiers et autres débitants qui auront donné à boire à des gens manifestement ivres, ou qui les auront reçus dans leurs établissements ou auront servi des spiritueux et des liqueurs alcooliques à des mineurs âgés de moins de dix-huit ans accomplis.

Les malades hospitalisés dans un asile d'aliénés ou dans une colonie familiale sont, en ce qui concerne l'application de la présente loi, assimilés aux mineurs âgés de moins de 18 ans.

Toutefois, dans le cas où le débitant sera prévenu d'avoir servi des spiritueux ou des liqueurs alcooliques à un mineur de moins de 18 ans accomplis ou à un malade hospitalisé, il pourra prouver qu'il a été induit en erreur sur l'âge du mineur ou l'état du malade. S'il fait cette preuve, aucune peine ne lui sera applicable de ce chef.

Il y a récidive lorsque, depuis moins de douze mois, le contrevenant a subi une condamnation pour des faits réprimés par la présente loi.

En cas de première récidive, la peine d'emprisonnement pendant trois jours au plus sera prononcée.

Art. 5. Seront punis d'un emprisonnement de six jours à un mois et d'une amende de seize à trois cents francs (16 francs à 300 francs), les cafetiers, cabaretiers et autres débitants qui, dans les douze mois qui auront suivi la deuxième condamnation prononcée en vertu de l'article précédent, auront commis une des infractions prévues audit article.

Quiconque, ayant été condamné en police correctionnelle pour l'une ou l'autre des mêmes infractions, depuis moins d'un an, se rendra de nouveau coupable de l'une ou l'autre d'entre elles, sera condamné au maximum des peines indiquées au paragraphe précédent, lesquelles pourront être portées jusqu'au double.

Art. 6. Toute personne qui aura subi deux condamnations en police correctionnelle pour l'un ou l'autre des délits prévus en l'article précédent, sera déclaré, par le second jugement, incapable d'exercer les droits indiqués en l'article 3.

Dans le même cas, le tribunal pourra ordonner, sous les peines d'une amende de vingt-cinq francs à cinq cents francs (25 francs à 500 francs) et d'un emprisonnement de six jours à six mois, la fermeture de l'établissement pour un temps qui ne saurait excéder un mois.

Art. 7. Sera puni d'un emprisonnement de six jours à un

mois et d'une amende de seize francs à trois cents francs (16 francs à 300 francs), quiconque aura fait boire jusqu'à l'ivresse un mineur âgé de moins de 18 ans accomplis.

Sera puni des peines portées aux articles 5 et 6, tout cafetier, cabaretier et autre débitant de boissons qui, ayant subi une condamnation depuis moins d'un an en vertu du paragraphe précédent, se sera de nouveau rendu coupable soit du même fait, soit de l'un ou de l'autre des faits prévus à l'article 4.

Art. 8. Il est interdit de vendre au détail à crédit, soit au verre, soit en bouteille, des spiritueux et des liqueurs alcooliques à consommer sur place ou à emporter.

L'action en payement de boissons vendues en infraction au paragraphe précédent ne sera pas recevable.

Il est également interdit, sous les peines prévues à l'article 4, de vendre même au comptant, et pour emporter, lesdites boissons à des mineurs âgés de moins de 18 ans.

Art. 9. Il est interdit d'employer, dans les débits de boissons à consommer sur place, des femmes de moins de 18 ans, à l'exception de celles appartenant à la famille du débitant.

Les articles 475 et 478 du Code pénal s'appliquent aux infractions prévues par le présent article.

Il y a récidive lorsque, depuis moins de douze mois, le contrevenant a subi une condamnation pour des faits réprimés par la présente loi.

Art. 10. Tous cafetiers, cabaretiers, tenanciers de cafés-concerts et autres débitants de boissons à consommer sur place, qui, en employant ou en recevant habituellement des femmes de débauche ou des individus de mœurs spéciales pour se livrer à la prostitution dans leurs établissements ou dans les locaux y attenant, auront excité ou favorisé la débauche, seront condamnés à un emprisonnement de six jours à six mois et à une amende de cinquante francs à cinq cents francs (50 à 500 francs).

Les peines ci-dessus pourront être portées au double, si les femmes de débauche ou les individus de mœurs spéciales, visés au précédent paragraphe, appartiennent à la famille du délinquant.

Les coupables seront déchus pendant cinq ans de leurs droits politiques.

La fermeture définitive du débit sera ordonnée par le jugement.

Art. 11. Toutes les condamnations à l'emprisonnement d'un mois au moins, pour une infraction quelconque aux dispositions de la présente loi, entraîneront de plein droit, pour ceux contre lesquels elles seront prononcées, l'interdiction d'exploiter un débit de boisson.

Cette incapacité cessera en cas de réhabilitation.

Elle cessera après cinq ans, à compter du jour où lesdites condamnations sont devenues définitives, si, pendant ces cinq ans, les condamnés n'ont encouru aucune peine correctionnelle d'emprisonnement.

Art. 12. Le tribunal correctionnel, dans les cas prévus par la présente loi, pourra ordonner que son jugement soit affiché à tel nombre d'exemplaires et en tels lieux qu'il indiquera.

Art. 13. L'article 463 du Code pénal sera applicable aux peines d'emprisonnement et d'amende prévues par la présente loi. L'article 59 du même Code ne sera pas applicable aux délits prévus par les articles 2, 5 et 7 de la présente loi.

Art. 14. Les procès-verbaux constatant les infractions prévues dans les articles précédents seront transmis au procureur de la République dans les trois jours au plus tard, y compris celui où aura été reconnu le fait sur lequel ils sont dressés.

Art. 15. Toute personne trouvée en état d'ivresse dans les rues, chemins, places, cafés. cabarets et autres lieux publics, devra être, par mesure de police, conduite à ses frais au poste le plus voisin ou dans une chambre de sûreté, pour y être retenue juqu'à ce qu'elle ait recouvré sa raison.

Art. 16. Le texte de la présente loi sera affiché à la porte de toutes les mairies et dans la salle principale de tous les cabarets, cafés et autres débits de boissons; un exemplaire en sera adressé à cet effet à tous les maires, cabaretiers, cafetiers et autres débitants de boissons. Toute personne qui aura détruit ou lacéré le texte affiché sera condamnée à une amende d'un à cinq francs (1 à 5 francs) et aux frais du rétablissement de l'affiche. Sera puni de même tout cabaretier, cafetier ou débitant chez lequel ledit texte ne sera pas trouvé affiché.

Art. 17. Les gardes champêtres, agents de la force publique et autres personnes désignées en l'article 9 du Code d'instruction criminelle sont chargés de rechercher et de constater, chacun sur le territoire sur lequel il est assermenté, les infractions à la présente loi. Ils dressent des procès-verbaux pour établir ces infractions.

Art. 18. La présente loi est applicable à l'Algérie et aux colonies.

Art. 19. La loi du 23 janvier 1873 sur l'ivresse publique est abrogée.

Extrait d'un arrêt de la Cour de cassation relatif à l'application de la loi sur l'ivresse.

Paris, le 27 mars 1924.

Vous trouverez ci-joint l'extrait d'un arrêt de la Cour de cassation relatif à l'application de l'article 3 de la loi du 1er octobre 1917 sur la répression de l'ivresse publique et sur la police des débits de boissons.

Extrait des minutes de la Cour de cassation.

A l'audience publique de la Chambre criminelle de la Cour de cassation, tenue au palais de justice, à Paris, le huit mars mil neuf cent vingt-quatre,

Sur le pourvoi du commissaire du gouvernement près le conseil de guerre de......, en cassation d'un jugement rendu le 5 février 1924, par ledit conseil de guerre, qui a condamné le soldat..... à la peine de deux mois moins un jour d'emprisonnement, pour ivresse manifeste et publique,

Est intervenu l'arrêt suivant :

La Cour,

Ouï M. Georges Lecherbonnier en son rapport et M. l'avocat général Mornet en ses conclusions;

Après en avoir délibéré en chambre du conseil,

Sur le moyen pris de la violation, pour fausse application de l'article 463 du Code pénal, en ce que le conseil de guerre après avoir déclaré..... coupable d'ivresse manifeste sur la voie publique, avec admission de circonstances atténuantes et avoir constaté qu'il avait été antérieurement, et depuis moins d'un an, condamné en police correctionnelle, pour ivresse, n'a prononcé contre lui qu'une peine de deux mois moins un jour d'emprisonnement sans prononcer également contre lui les incapacités obligatoirement prévues par l'article 3 de la loi du 1er octobre 1917;

Vu ces articles, ensemble l'article 13 de la loi du 1er octobre 1917;

Attendu que l'article 13 de la loi du 1er octobre 1917 dispose que l'article 463 du Code pénal sera applicable aux peines d'emprisonnement et d'amendes prévues par la présente loi;

Que, des termes restrictifs de ce texte, il résulte que les juges ne peuvent, en accordant au prévenu le bénéfice des circonstances atténuantes, le dispenser de la privation des droits mentionnés dans l'article 3 de la loi précitée;

Que, d'autre part, cette incapacité spéciale a été établie dans un intérêt général en vue du caractère propre à l'infraction dont il s'agit et que le but du législateur ne serait pas atteint s'il était loisible aux juges d'écarter l'application d'une mesure qu'il a considérée comme nécessaire et obligatoire;

Attendu que..... a été déclaré coupable d'ivresse en récidive correctionnelle et que des circonstances atténuantes lui ont été accordées; qu'il a été, en vertu de l'article 2 de la loi du 1er octobre 1917, condamné à deux mois moins un jour d'emprisonnement, mais que le conseil de guerre a omis de prononcer contre lui les incapacités prévues par l'article 3 de la dite loi;

D'où il suit qu'il y a eu violation des textes visés au moyen;

Par ces motifs, casse et annule le jugement du conseil de guerre de..... en date du 5 février 1924, en ce qu'il a omis de prononcer la privation des droits mentionnés à l'article 3 de la loi du 1er octobre 1917, la déclaration de culpabilité et toutes les autres dispositions du jugement étant expressément maintenues;

Et pour être statué à nouveau, conformément à la loi, renvoie la cause et les parties devant le conseil de guerre de la..... région à ce désigné par délibération spéciale prise en la chambre du conseil;

Ordonne que le présent arrêt sera imprimé, qu'il sera transcrit sur les registres du conseil de guerre de..... et que mention en sera faite en marge du jugement partiellement annulé.

Pour extrait conforme :

Le Greffier en chef de la Cour de cassation,

Signé : GIRODON.

Pour le Ministre et par son ordre :

Le Directeur du contentieux et de la justice militaire,

FILIPPINI.

Circulaire au sujet de la mise en liberté provisoire des hommes traduits en conseil de guerre pour contravention à la loi sur l'ivresse.

Versailles, le 22 mai 1878.

Messieurs, j'ai été consulté sur la question de savoir si, par application de l'article 129 du Code d'instruction criminelle, les militaires traduits en conseil de guerre pour une simple contravention à la loi sur l'ivresse ne devraient pas rester en liberté jusqu'au jour de leur jugement.

Il est arrivé, en effet, quelquefois, surtout en Algérie, que les prévenus n'ont pu être amenés que par des convois périodiques devant les conseils de guerre, et qu'il s'écoule plusieurs semaines entre la constatation de la contravention et le jugement.

Les fautes d'ivresse qui, d'après la loi du 23 janvier 1873 (1), ne constituent un délit que dans le cas seulement de deuxième et troisième récidive, peuvent être réprimées par la voie disciplinaire, de même que toutes les contraventions de police, en vertu de l'article 271 du Code de justice militaire, à moins qu'il ne soit jugé à propos, pour l'exemple, de déférer les délinquants aux conseils de guerre.

Lorsque la mise en jugement est reconnue nécessaire, la détention préventive des inculpés ne paraît pas indispensable, puisqu'ils sont à la disposition de l'autorité militaire et que la loi du 23 janvier 1873 (1) limite la durée de l'arrestation, par mesure de police, au moment où le délinquant a recouvré sa raison.

D'un autre côté, comme, en règle générale, l'article 105 du Code de justice militaire laisse au rapporteur la faculté de ne pas décerner un mandat et qu'en outre l'article 129 du Code d'instruction criminelle ordonne la mise en liberté provisoire des hommes prévenus de contraventions, rien ne s'oppose à ce que les militaires qui ne sont pas prévenus d'autres délits en même temps que des fautes d'ivresse n'aient pas à subir une détention préventive.

En conséquence, et d'après l'avis exprimé à ce sujet par M. le président du Conseil, Garde des sceaux, j'ai arrêté les dispositions suivantes :

Lorsqu'un militaire sera arrêté en état d'ivresse, soit qu'il y ait contravention ou délit, il devra être mis en liberté dès que cet état aura cessé, à moins que, en cas de simple contravention, l'autorité militaire ne réprime le fait sans désemparer et par voie hiérarchique. Si la comparution devant le conseil de guerre est

---

(1) Actuellement, loi du 1er octobre 1917.

jugée utile, ou si elle doit nécessairement avoir lieu, le rapporteur, tout en s'abstenant de décerner mandat, procédera en la forme ordinaire et de la même manière que si un mandat avait été délivré.

Ces dispositions sont applicables à tous les cas de contraventions entraînant une amende.

Je vous prie d'adresser les instructions nécessaires à cet effet et de m'accuser réception de la présente circulaire.

Général BOREL.

VIII

JUGEMENTS. — EXÉCUTION DES JUGEMENTS ET DES PEINES.

Extrait du décret impérial du 14 octobre 1811, relatif à la recherche et à la punition des déserteurs.

. . . .

Art. 1er. Il ne sera plus rendu de jugements par contumace pour le délit de désertion...

. . . .

Circulaire relative à l'impression, aux frais de l'Etat, d'un tableau destiné à faire connaître les jugements qui seraient d'un effet exemplaire (1).

Paris, le 5 septembre 1828.

Messieurs, mes prédécesseurs ont, à plusieurs reprises, fait recommander aux conseils de guerre de n'ordonner l'impression de leurs jugements qu'autant que, par la gravité du crime commis et celle de la peine prononcée, ces actes acquerraient une importance qui en rendrait la publicité évidemment utile pour le maintien de la discipline. Ces recommandations ont toujours été sans résultat, et même les frais d'impression n'ont fait qu'augmenter.

J'ai dû songer à faire cesser un pareil état de choses. J'ai d'abord

---

(1) Voir circulaires des 7 mars 1883 et 13 juin 1905.

reconnu qu'il n'y avait pas, pour le bien de l'exemple, nécessité de faire imprimer un jugement dans toute sa teneur, ni de le faire imprimer séparément. Il suffit, pour le but qu'il convient d'atteindre, d'un extrait sommaire encadré dans un tableau qui serait formé périodiquement et affiché dans les divers établissements militaires.

En conséquence, et attendu que les hommes ne sont presque jamais en état de rembourser les dépenses résultant des poursuites dirigées contre eux, ainsi que du dispositif des jugements qui les concernent, j'ai décidé :

1° Que, désormais, il ne sera plus pourvu sur les fonds de l'État aux frais des impressions de jugements que les conseils de guerre viendraient à ordonner;

2° Qu'à la fin de chaque mois, le lieutenant général commandant la division se fera représenter les jugements exécutoires et indiquera ceux qui, prononçant une peine vraiment exemplaire, doivent recevoir de la publicité par la voie de l'affiche;

3° Que les jugements indiqués par le lieutenant général seront analysés dans un tableau conforme au modèle ci-joint, lequel sera imprimé à cent exemplaires au plus et placardé dans les quartiers et autres établissements militaires (1);

4° Qu'il ne sera pas imprimé plus d'un tableau par mois pour les deux conseils de guerre de la division et que cette impression n'aura pas lieu lorsque aucun jugement, devenu exécutoire dans le cours du mois, n'aura été jugé être d'un effet suffisamment exemplaire;

5° Que l'impression du tableau mensuel sera faite aux frais du Trésor, et que la liquidation de cette dépense s'effectuera de la manière usitée pour les impressions de jugements ordonnés aujourd'hui par les conseils de guerre;

6° Que les dispositions ci-dessus seront suivies à partir du 1er octobre prochain.

Je recommande à MM. les lieutenants généraux et à MM. les intendants militaires de veiller, chacun en ce qui le concerne, à l'exécution complète desdites dispositions.

Vte DE CAUX.

---

(1) Ce tableau ne doit plus être imprimé que trimestriellement. (Circulair du 8 décembre 1885.) (Services administratifs.)

Circulaire
du 5 septembre 1828.

° DIVISION MILITAIRE (1).

CONDAMNATIONS PRONONCÉES PAR LE CONSEIL DE GUERRE D

pendant le cours du ° trimestre 19 .

NUMÉROS D'ORDRE.	CONSEIL DE GUERRE qui a prononcé le jugement.	DATE DU JUGEMENT.	NOM ET PRÉNOMS DU CONDAMNÉ.	TITRE SOUS LEQUEL il est entré au service.	GRADE.	CORPS.	FAIT POUR LEQUEL il a été condamné.	PEINES PRONONCÉES.
1	2	3	4	5	6	7	8	9

Le présent tableau sera placardé dans les quartiers et autres établissements militaires d (1)

Pour ampliation :
Le Chef d'état-major,
Signé :

Au quartier général à le 19 .
Le Général,
Signé :

(1) Actuellement : Gouvernement militaire de Paris, Lyon, et Metz.
° corps d'armée;
Division militaire d'Alger, Oran et Constantine;
Division d'occupation de Tunisie.

Circulaire prescrivant qu'en cas de désistement d'un recours en revision, la peine ne doit commencer à courir que du jour où le conseil a donné acte du désistement.

Paris, le 2 avril 1863.

Général, vous me faites connaître que le nommé X..... s'est désisté du pourvoi qu'il avait formé contre le jugement par lequel le 2e conseil de guerre de votre division l'a condamné à cinq ans de réclusion pour meurtre, et vous émettez l'opinion que, dans ce cas, la peine doit courir de la date du jugement et non point seulement du jour où le conseil de revision a accepté son désistement.

Si le nommé X..... ne s'était pas pourvu en revision, la sentence rendue à son égard serait devenue irrévocable à partir du jour où elle a été prononcée; mais le pourvoi en a suspendu les effets, et, bien que le nommé X..... ait renoncé à déférer, comme il en avait d'abord eu l'intention, ce jugement au conseil de revision, ce jugement n'a pu produire ses effets que lorsque le conseil de revision a eu donné acte au condamné de son désistement.

Maréchal RANDON.

Circulaire relative à l'exécution d'une peine afflictive et infamante prononcée contre un militaire par une cour d'assises.

Paris, le 28 décembre 1877.

Le Ministre de la guerre a reçu la lettre relative au nommé X....., détenu à l'atelier des travaux publics n°..., qui a été condamné, par une cour d'assises, à six ans de réclusion, etc., pour vol domestique, et remis à la disposition de l'autorité militaire à l'effet de subir la dégradation militaire.

Comme le crime qui a entraîné ladite condamnation a été commis antérieurement à l'incorporation du nommé X....., il était demandé s'il appartenait à l'autorité militaire de faire exécuter le jugement.

D'après l'opinion exprimée par M. le Garde des sceaux, dans une circonstance analogue, il y a lieu de faire procéder à la dégradation militaire du nommé X....., afin de fixer le point de départ de sa peine et de sa radiation des contrôles de l'armée. Cet homme sera ensuite rendu à l'autorité civile.

Circulaire au sujet de la publicité à donner aux jugements rendus par les conseils de guerre.

Paris, le 10 mars 1883.

Mon cher Général, j'ai été consulté sur la question de savoirt les greffiers des conseils de guerre pouvaient être autorisésn communiquer aux journaux quotidiens de la localité où sàieai ces tribunaux militaires un résumé des jugements rendus, g è que des antécédents des condamnés.

Les communications de cette nature ne porteraient atteinte à aucun principe absolu, puisqu'elles concernent des jugements rendus en audience publique et que la presse est en droit de reproduire; mais, pour éviter des réclamations, il faudrait évidemment qu'elles fussent faites à tous les journaux sansaucune préférence; or, il en résulterait pour les greffiers un surcroît de travail dont le service pourrait avoir à souffrir.

Les instructions contenues dans la lettre colslective que j'ai eu l'honneur de vous adresser le 7 mars courant permettront de donner à ce sujet la publicité nécessaire.

Dans le cas où des greffiers se seraient, pour une cause quelconque, écartés de la réserve qui doit être la règle générale, vous voudrez bien les inviter à cesser immédiatement toute espèce de communication relative au fonctionnement de la justice militaire.

D'ailleurs, les greffiers qui sont sous les ordres du parquet militaire ne peuvent être autorisés à fournir directement des indications sur le casier judiciaire des condamnés.

Je vous prie de m'accuser réception de la présente lettre collecive.

Général Thibaudin.

Circulaire relative au mode de procéder pour l'incarcération des militaires ou jeunes soldats dans les prisons civiles.

Paris, le 10 mars 1884.

Mon cher Général, j'ai été consulté sur le mode de procéder à suivre par l'autorité militaire pour obtenir l'incarcération légale dans les prisons civiles des militaires ou jeunes soldats prévenus de délits les rendant justiciables des tribunaux ordinaires.

Aux termes des articles 607 et suivants du Code d'instruction criminelle, nul ne peut, dans ce cas, être écroué qu'en vertu d'un mandat de dépôt ou d'arrêt décerné selon les formes prescrites par la loi.

En conséquence, je vous prie, toutes les fois qu'un fait de cette nature se présentera, de transmettre immédiatement les rapports qui vous parviendront à M. le procureur de la République du ressort, à qui il appartiendra de faire les diligences nécessaires pour assurer l'incarcération dans une prison civile.

Général CAMPENON.

Notification d'une circulaire du Ministre de la justice au sujet des condamnations aux travaux forcés.

Paris, le 17 juillet 1890.

Mon cher Général, j'ai l'honneur de vous transmettre, ci-joint, copie d'une circulaire que M. le Garde des sceaux a adressée à MM. les procureurs généraux au sujet des condamnés contre lesquels est prononcée la peine des travaux forcés.

Je vous prie de donner les ordres nécessaires pour qu'à l'avenir les parquets militaires et les présidents des conseils de guerre se conforment aux prescriptions contenues dans cette circulaire.

C. DE FREYCINET.

« Monsieur le Procureur général,

« La désignation de la colonie sur laquelle doivent être dirigés les condamnés aux travaux forcés s'effectue, actuellement, en vertu d'une décision ministérielle du 15 avril 1887, d'après la durée de la peine prononcée contre ces individus. Ceux qui ont encouru une condamnation à plus de sept années sont transférés à la Guyane; ceux dont la peine est moindre sont envoyés à la Nouvelle-Calédonie (1).

« Cette méthode de classification, qui tout d'abord a pu sembler équitable et rationnelle, présente dans la pratique de sérieux inconvénients. En effet, la culpabilité effective, les instincts, le niveau moral des condamnés qui composent la population de la transportation varient à l'infini, et on ne peut opérer avec certitude et justice le groupement de ces détenus en prenant uniquement comme base d'appréciation la durée de la peine.

« Aussi, M. le Ministre du commerce, de l'industrie et des colonies a-t-il été amené à reconnaître qu'il y aurait des avantages à appliquer dorénavant aux condamnés aux travaux forcés le système de sélection adopté pour la désignation du lieu d'interne-

---

(1) Actuellement, toute peine de travaux forcés est subie à la Guyane.

ment des relégués, en partant de ce principe que les criminels dangereux, ceux qui ont déjà été plusieurs fois condamnés, ceux, enfin, qui ne laissent aucun espoir d'amendement, seront dirigés sur la Guyane, tandis que la Nouvelle-Calédonie sera plus particulièrement réservée aux condamnés primaires et aux individus dont on peut espérer le relèvement.

« Un décret, en date du 16 novembre 1889 a, par suite, confié à M. le sous-secrétaire d'Etat des colonies le soin de désigner désormais, après avis de la commission permanente du régime pénitentiaire, la colonie dans laquelle seront internés les condamnés aux travaux forcés.

« Dans cette situation, M. le sous-secrétaire d'Etat des colonies exprime le désir que l'extrait d'arrêt à remettre au ministère de l'intérieur concernant chaque condamné soit toujours accompagné d'une notice individuelle contenant des indications précises et détaillées sur les antécédents du détenu, ainsi que sur les faits qui ont motivé sa condamnation.

« Il sera également utile de joindre à ce document un avis motivé du président de la cour d'assises qui aura prononcé la condamnation sur le lieu de transportation auquel le condamné devra être affecté.

« Je vous prie de vouloir bien prendre les mesures nécessaires en vue d'assurer l'entière exécution des prescriptions qui précèdent et m'accuser réception de la présente circulaire.

« Recevez, etc.

« Pour le Garde des sceaux,
Ministre de la justice et des cultes,
et par autorisation :

« *Le Directeur des affaires criminelles et des grâces,*
« Signé : M. DUMAS. »

Loi sur l'atténuation et l'aggravation des peines du 26 *mars* 1891 (*promulguée au* Journal officiel *du* 27 *mars* 1891).

Le Sénat et la Chambre des députés ont adopté,

Le Président de la République promulgue la loi dont la teneur suit :

Art. 1er. En cas de condamnation à l'emprisonnement ou à l'amende, si l'inculpé n'a pas subi de condamnation antérieure à la prison pour crime ou délit de droit commun, les cours ou tribunaux peuvent ordonner, par le même jugement et par décision motivée, qu'il sera sursis à l'exécution de la peine.

Si, pendant le délai de cinq ans à dater du jugement ou de l'arrêt, le condamné n'a encouru aucune poursuite suivie de condamnation à l'emprisonnement ou à une peine plus grave pour crime ou délit de droit commun, la condamnation sera comme non avenue.

Dans le cas contraire, la première peine sera d'abord exécutée sans qu'elle puisse se confondre avec la seconde.

Art. 2. La suspension de la peine ne comprend pas le payement des frais du procès et des dommages-intérêts.

Elle ne comprend pas non plus les peines accessoires et les incapacités résultant de la condamnation.

Toutefois, ces peines accessoires et ces incapacités cesseront d'avoir effet du jour où, par application des dispositions de l'article précédent, la condamnation aura été réputée non avenue.

Art. 3. Le président de la cour ou du tribunal doit, après avoir prononcé la suspension, avertir le condamné qu'en cas de nouvelles condamnations dans les conditions de l'article 1er, la première peine sera exécutée sans confusion possible avec la seconde et que les peines de la récidive seront encourues dans les termes des articles 57 et 58 du Code pénal.

Art. 4. La condamnation est inscrite au casier judiciaire, mais avec la mention expresse de la suspension accordée.

Toutefois, elle ne devra pas figurer sur les extraits (bulletin n° 3) délivrés aux parties, à moins qu'une poursuite suivie de condamnation dans les termes de l'article 1er (paragraphe 2) ne soit intervenue dans le délai de cinq ans (1).

Art. 5. Les articles 57 et 58 du Code pénal sont modifiés comme suit :

« Art. 57. Quiconque, ayant été condamné pour crime à une peine supérieure à une année d'emprisonnement, aura, dans un délai de cinq années après l'expiration de cette peine ou sa prescription, commis un délit ou un crime qui devra être puni de la peine de l'emprisonnement, sera condamné au maximum de la peine portée par la loi, et cette peine pourra être élevée jusqu'au double.

« Défense pourra être faite, en outre, au condamné de paraître, pendant cinq ans au moins et dix ans au plus, dans les lieux dont l'interdiction lui sera signifiée par le gouvernement avant sa libération.

« Art. 58. Il en sera de même pour les condamnés à un emprisonnement de plus d'une année pour délit qui, dans le même délai, seraient reconnus coupables du même délit ou d'un crime devant être puni de l'emprisonnement.

---

(1) Modifié par la loi du 24 janvier 1923.

Ceux qui, ayant été antérieurement condamnés à une peine d'emprisonnement de moindre durée, commettraient le même délit dans les mêmes conditions de temps seront condamnés à une peine d'emprisonnement qui ne pourra être inférieure au double de celle précédemment prononcée, sans toutefois qu'elle puisse dépasser le double du maximum de la peine encourue.

« Les délits de vol, escroquerie et abus de confiance seront considérés comme étant, au point de vue de la récidive, un même délit.

« Il en sera de même des délits de vagabondage et de mendicité. »

Art. 6. La présente loi est applicable aux colonies où le Code pénal métropolitain a été déclaré exécutoire en vertu de la loi du 8 janvier 1877.

Des décrets statueront sur l'application qui pourra en être faite aux autres colonies.

Art. 7. La présente loi n'est applicable aux condamnations prononcées par les tribunaux militaires qu'en ce qui concerne les modifications apportées par l'article 5 ci-dessus aux articles 57 et 58 du Code pénal.

La présente loi, délibérée et adoptée par le Sénat et par la Chambre des députés, sera exécutée comme loi de l'Etat.

Fait à Paris, le 26 mars 1891.

Signé : CARNOT.

Par le Président de la République :

Le Garde des sceaux,
Ministre de la justice et des cultes,
Signé : A. FALLIÈRES.

Circulaire portant solution à diverses questions relatives à l'application de la loi du 26 mars 1891, sur l'atténuation et l'aggravation des peines.

Paris, le 23 novembre 1891.

Mon cher Général, j'ai été consulté sur les deux questions suivantes, que soulève l'application de la loi du 26 mars 1891, sur l'atténuation et l'aggravation des peines.

J'ai l'honneur de vous faire connaître, ci-après, les solutions que comportent ces questions :

1° Les condamnations prononcées avec sursis dans les termes de l'article 1er de la loi du 26 mars 1891 contre les jeunes soldats ou les militaires doivent-elles figurer sur les registre et folio matricules?

Réponse affirmative. — Aux termes de l'article 4 de la loi du 26 mars 1891, la condamnation suspendue devant figurer au casier judiciaire avec *mention de la suspension*, il y a lieu d'appliquer purement et simplement ce texte en ce qui concerne les inscriptions sur les registre et folio matricules.

2° Les individus ayant encouru une des condamnations prévues à l'article 5 de la loi du 15 juillet 1889 sur le recrutement de l'armée et à l'égard desquels il a été sursis à l'exécution de la peine, par application de la loi du 26 mars 1891, doivent-ils néanmoins être affectés aux bataillons d'infanterie légère d'Afrique? (2).

.... (1)

Extrait du registre des délibérations du Conseil d'Etat, en date du 29 juin 1892, au sujet de la remise à l'autorité civile des militaires condamnés aux travaux publics et dont les engagements ont été annulés postérieurement à leur condamnation.

Les sections réunies des finances, de la guerre, de la marine et des colonies, et de la législation, de la justice et des affaires étrangères du Conseil d'Etat qui, sur le renvoi qui leur a été fait par le Ministre de la guerre, ont examiné la question de savoir « si un militaire condamné comme tel, même aux travaux publics, par un conseil de guerre, et qui subit sa peine dans un établissement pénitentiaire militaire, ne doit plus demeurer dans cet établissement quand il cesse d'être militaire et, à plus forte raison, quand, par suite de l'annulation de son engagement, il n'eût jamais dû être considéré comme militaire ».

Vu le code de justice militaire ;

Vu le règlement du 23 juillet 1856 sur les établissements pénitentiaires ;

Vu la dépêche du Ministre de l'intérieur en date du 2 octobre 1891 ;

Vu la dépêche du Ministre de la justice en date du 22 janvier 1892 ;

---

(1) Voir l'article 100 de la loi du 1er avril 1923.
(2) Actuellement, article 5 de la loi du 1er avril 1923.

Vu la dépêche du Ministre de la guerre en date du 20 juin 1892 ;

Considérant qu'aux termes de l'article 189 du Code de justice militaire les peines des travaux forcés, de la déportation, de la détention, de la réclusion et du bannissement, sont seules appliquées conformément aux dispositions du Code pénal ordinaire ;

Considérant qu'il résulte de cette disposition que les autres peines, telles que celles des travaux publics et de l'emprisonnement, prononcées contre des militaires, ne sauraient être exécutées que conformément aux dispositions du Code de justice militaire et subies dans les établissements pénitentiaires militaires dont le régime et la police sont, aux termes de l'article 274 du Code de justice militaire, réglés par décret ;

Considérant que, si la peine des travaux publics peut être remplacée par celle de l'emprisonnement, cette substitution de peine n'est prononcée par la loi que pour les individus qui, au moment de leur comparution devant le tribunal compétent, n'étaient ni militaires ni assimilés aux militaires et qui auraient été condamnés dans les cas définis par les articles 76, 77, 78 et 79 pour un délit non prévu par les lois pénales ordinaires ;

Considérant qu'il est reconnu par la jurisprudence, qu'il suffit qu'un inculpé soit incorporé et présent de fait, sous les drapeaux en l'une des qualités énoncées en l'article 56 et qu'il y fasse son service sans réclamation de sa part, ni de celle de l'autorité, pour qu'il soit en général assujetti à la loi militaire et aux peines qu'elle prononce, à raison de crimes et délits par lui commis, lors même qu'il aurait été admis en vertu d'un titre irrégulier ;

Que cette règle ne souffre d'exception qu'en ce qui concerne la pénalité à l'égard du délit de désertion qui a son caractère spécial ;

Qu'il suit de là que l'annulation de l'engagement d'un militaire qui a été condamné comme tel, même aux travaux publics, ne saurait avoir pour résultat de modifier la nature de la peine prononcée légalement contre lui par le tribunal compétent, et de l'affranchir d'une partie des conséquences de cette condamnation ;

Considérant qu'en vertu des dispositions légales et réglementaires en vigueur, cette peine doit être subie dans un établissement pénitentiaire militaire et dans les conditions prévues par le règlement du 23 juillet 1856 (1);

---

(1) Aujourd'hui, décret du 26 février 1900.

Sont d'avis :

Qu'il y a lieu de répondre au Ministre de la guerre dans le sens des observations qui précèdent.

Cet avis a été délibéré et adopté par les sections réunies des finances, de la guerre, de la marine et des colonies et de la législation, de la justice et des affaires étrangères, du Conseil d'Etat, dans leur séance du 29 juin 1892.

Le Président de Section,
présidant la séance.
Signé : BLONDEAU.

Le Conseiller d'Etat, Rapporteur,
Signé : MOJON.

CERTIFIÉ CONFORME :

Le Maître des Requêtes, Secrétaire général du Conseil d'Etat,
Signé : FLOURENS.

Circulaire relative au point de départ des peines prononcées contre des individus étrangers à l'armée.

Paris, le 4 juillet 1892.

Mon cher Général, aux termes du deuxième paragraphe de l'article 200 du Code de justice militaire, les peines criminelles prononcées par les tribunaux militaires commencent à courir du jour de la dégradation militaire.

Cette prescription donne à l'exécution des peines des travaux forcés à temps, de la détention, de la réclusion et du bannissement encourues, devant les tribunaux militaires, par les militaires ou assimilés aux militaires, un point de départ net et fixe.

Mais, lorsque ces mêmes peines sont prononcées contre des individus étrangers à l'armée, notamment contre les indigènes des territoires de commandement en Algérie, les dispositions de l'article 200 précité ne peuvent évidemment pas leur être appliquées (1).

J'estime donc, d'accord avec M. le Garde des sceaux, qu'il y a lieu, dans ce cas, de recourir aux prescriptions de l'article 23 du Code pénal, aux termes duquel « la durée des peines temporaires comptera du jour où la condamnation sera devenue irrévocable » et que, par suite, la durée des peines criminelles prononcées par

---

(1) Pour les indigènes ayant bénéficié de la loi du 2 avril 1901 modifiant l'article 200 du Code de justice militaire, il est fait application de la circulaire du 22 mai 1901 (volume 56).

les conseils de guerre contre des individus non militaires ne doit commencer à courir, s'il n'y a pas de pourvoi en cassation, qu'après le délai de trois jours francs, dans lequel le pourvoi peut être introduit, c'est-à-dire le cinquième jour après la décision judiciaire.

Circulaire au sujet des notices individuelles destinées à accompagner dans les lieux de détention les hommes condamnés par les conseils de guerre et remis à l'autorité civile.

Paris, le 30 mars 1893.

Mon cher Général, par suite de l'application de la loi sur la libération conditionnelle du 14 août 1885 et de celle du 15 juillet 1889 (1), sur le recrutement de l'armée, ainsi que sur la demande de M. le Ministre de l'intérieur, j'ai décidé qu'il serait établi des notices individuelles, conformes au modèle ci-joint, destinées à accompagner, dans les lieux de détention, les individus condamnés par des conseils de guerre et qui doivent être remis à l'autorité civile à l'effet de subir leur peine, c'est-à-dire :

1° Ceux qui ont été condamnés à une peine criminelle (2);

2° Ceux qui, ayant été condamnés à une peine correctionnelle de deux ans d'emprisonnement et au-dessus, ont été, en outre, par application de l'article 42 du Code pénal, frappés de l'interdiction de tout ou partie de l'exercice des droits civiques, civils ou de famille;

3° Les indigènes non militaires de l'Algérie, justiciables des conseils de guerre, contre lesquels aura été prononcée une peine d'emprisonnement supérieure à quatre mois.

4° (3) Ceux condamnés à l'étranger pour un crime ou délit puni par la loi pénale française d'une peine criminelle ou de deux années au moins d'emprisonnement, après constatation, par le tribunal correctionnel du domicile des intéressés, de la régularité et de la légalité de la condamnation;

5° (3) Ceux condamnés à une peine de trois mois d'emprisonnement au moins soit par application de l'article 242 (pa-

---

(1) Actuellement, loi du 1er avril 1923.
(2) Modifié d'après l'article 4 de la loi du 1er avril 1923.
(3) Paragraphe de l'article 4 de la loi du 1er avril 1923, ajouté.

ragraphe 2) du Code de justice militaire, pour provocation à la désertion, soit par application de l'article 91 de la présente loi, pour manœuvres ayant pour but de favoriser ou provoquer l'insoumission.

6° (1) Ceux qui ont été l'objet de deux ou plusieurs condamnations, dont la durée totale est de trois mois au moins, prononcées, soit par application des articles 30 et 33 de la loi du 29 juillet 1881, pour diffamation ou injure envers les armées de terre et de mer, soit par application de l'article 25 de la même loi, ou de l'article 2 de la loi du 28 juillet 1894.

Ces documents ont pour but de renseigner les directeurs des établissements pénitentiaires civils sur le degré de moralité des détenus, et de fournir à l'administration d'utiles indications pour la guider dans la préparation des propositions de grâce ou de libération conditionnelle.

Les renseignements à consigner dans ces notices sont de deux sortes : les premiers embrassent tout ce qui se rattache aux antécédents des condamnés, à leur état civil, à leur profession, à leurs moyens d'existence, à leur instruction, leur conduite, leur moralité. Les seconds comprennent l'exposé sommaire des faits qui ont motivé la condamnation et doivent résumer succinctement l'affaire, en mettant en relief ce qui constitue l'importance de l'infraction et ce qui aggrave ou atténue la culpabilité. A ce dernier titre, il est nécessaire d'énoncer si le condamné, avant ou depuis les poursuites, a réparé le préjudice par lui causé et si, à l'instruction ou pendant les débats, il a fait des aveux ou manifesté des regrets; ou si, au contraire, par une attitude audacieuse et des réponses violentes et mensongères, il s'est signalé comme étant un malfaiteur endurci et indigne d'intérêt.

J'ai l'honneur de vous prier de vouloir bien inviter MM. les commissaires du gouvernement près les conseils de guerre à établir ces notices et à les joindre à chaque extrait de jugement. C'est à M. le Ministre de l'intérieur (2) (Direction de l'administration pénitentiaire, 1er Bureau) qu'ils devront adresser directement la demande des formules qui leur seront nécessaires.

Les circulaires ministérielles des 14 août 1875 et 30 juin 1882, insérées au *Journal militaire officiel*, partie réglementaire, sont abrogées.

Général Loizillon.

---

(1) Paragraphe de l'article 4 de la loi du 1er avril 1923, ajouté.

(2) Actuellement, à M. le Garde des sceaux, Ministre de la justice (loi du 13 juillet 1911).

NOTICE INDIVIDUELLE.

né à *le* *domicilié à*
condamné par *le*
à *pour*

Condamnations antérieures.................. ..

(Leur nombre seulement. Indication de la peine la plus grave encourue et du lieu où a été subie la dernière peine corporelle, ainsi que de la date de la libération.).....................

ÉTAT CIVIL.

Le condamné est-il enfant légitime, naturel ou trouvé?....................................
Est-il célibataire, veuf ou marié?..............
Nom du conjoint..............................
Nombre d'enfants (légitimes ou naturels).......

PROFESSION.

Quelle est sa profession?.................... ...
Travaillait-il pour son compte ou pour autrui?.
Exerçait-il réellement sa profession?...........
Vivait-il dans l'oisiveté?.......................
Etait-il apte au travail?.......................
Appartenait-il à la population urbaine ou rurale?
(Plus ou moins de 2 000 habitants.)

MOYENS D'EXISTENCE.

Quels sont ses moyens d'existence?............
Contribuait-il à l'entretien de sa famille?.. .....
Sa famille peut-elle se passer de son aide?......

DEGRÉ D'INSTRUCTION ET RELIGION.

Quel est son degré d'instruction?...............
Quelle est sa religion?.........................

CONDUITE ET MORALITÉ.

Comment était-il noté dans sa commune?.......
Etait-il adonné à l'ivrognerie?..................
Se livrait-il au libertinage et à la débauche?....
Vivait-il en concubinage?.......................

AUTRES PARTICULARITÉS

pouvant permettre d'apprécier la moralité du condamné et le degré d'indulgence dont il peut être l'objet.

EXPOSE SOMMAIRE

DES FAITS QUI ONT MOTIVÉ LA CONDAMNATION A SUBIR.

(Voir le nota.)

Fait au Parquet d

le 19

Le Procureur,

Nota. — Il importe de signaler, dans cet exposé, spécialement les circonstances qui attestent le degré d'audace ou de perversité du condamné et de faire connaître son attitude soit pendant l'instruction, soit à l'audience.

Il importe aussi de faire connaître, quand l'interdiction de séjour sera encourue, les lieux où il devra être interdit au condamné de paraître.

Circulaire autorisant à surseoir à l'exécution, par les condamnés présents sous les drapeaux, des jugements ou arrêts prononcés avant leur incorporation.

Paris, le 6 janvier 1898.

Mon cher Général, j'ai l'honneur de vous transmettre, ci-joint copie d'une circulaire que M. le Garde des sceaux a adressée à MM. les procureurs généraux au sujet de l'exécution, par des militaires présents sous les drapeaux, de condamnations prononcées contre eux avant leur incorporation.

Les prescriptions contenues dans cette circulaire mettront fin à certaines difficultés qui s'étaient élevées entre les autorités judiciaire et militaire.

Général Billot.

Paris, le 24 novembre 1897.

Monsieur le Procureur général,

Mon attention a été appelée sur une difficulté à laquelle donne lieu en pratique l'exécution, par des militaires présents sous les drapeaux, de jugements ou arrêts portant condamnation à des peines d'emprisonnement prononcées avant leur incorporation.

A diverses reprises, l'autorité militaire a cru pouvoir prendre l'initiative d'accorder aux condamnés de cette catégorie appartenant aux contingents des classes des sursis temporaires à l'exécution de leur peine. Elle a fait valoir que les premiers mois de présence des jeunes soldats sous les drapeaux ont une importance toute particulière au point de vue de leur instruction individuelle, et que toute interruption dans le service, motivée notamment par l'exécution d'une peine, aurait pour résultat d'obliger le condamné à recommencer, dans des conditions défavorables, cette instruction essentielle.

Pour les hommes soumis au service d'un an, cette interruption pourrait même avoir pour conséquence de les mettre dans l'impossibilité d'acquérir, avant la fin de l'année, l'instruction exigée par les règlements, et, en prolongeant, dès lors, leur séjour sous les drapeaux, de constituer pour eux une aggravation de peine.

Ces considérations ont une valeur incontestable. Mais, d'autre part, il importe de ne pas perdre de vue que la loi a confié exclusivement au ministère public le soin d'assurer l'exécution des décisions judiciaires rendues par les tribunaux de droit commun.

Pour concilier ces prescriptions avec les légitimes préoccupations de l'autorité militaire, j'ai décidé, d'accord avec M. le

Ministre de la guerre, que, par dérogation au principe que les peines doivent être subies sans délai, il y aurait lieu, pour les chefs de parquet, d'accorder, jusqu'au 1er mai de chaque année, des sursis d'exécution aux jeunes soldats incorporés depuis le 1er novembre précédent et condamnés à des peines d'emprisonnement avant leur incorporation. Il conviendra de surseoir également, pendant la période d'instruction des hommes de la réserve et de l'armée territoriale, à l'exécution des peines de même nature prononcées contre ces militaires.

Je désire que vous m'accusiez réception de la présente circulaire, dont vous trouverez un nombre d'exemplaires suffisant pour chacun des substituts de votre ressort.

Recevez, etc.

Le Garde des sceaux,
Ministre de la justice et des cultes,
Signé : J. DARLAN.

Circulaire indiquant le mode d'exécution des peines d'emprisonnement prononcées dans certains cas par des tribunaux de droit commun contre des militaires.

Paris, le 31 mai 1900.

Mon cher Général, j'ai été consulté sur la question de savoir dans quel établissement pénitentiaire militaire ou civil doivent être subies les peines d'emprisonnement prononcées par un tribunal de droit commun contre des militaires, soit avant leur incorporation, soit depuis, mais en réparation de faits commis antérieurement, ou bien lorsqu'ils sont en congé, en permission ou en non-activité.

Après examen, j'estime que, dans ces diverses situations, les militaires restant soumis à la loi commune au point de vue des peines qui leur sont appliquées, il doit en être de même en ce qui concerne l'exécution de celles-ci.

J'ai, en conséquence, décidé, d'accord avec M. le Garde des sceaux, et M. le Ministre de l'intérieur, que les peines d'emprisonnement prononcées dans ces conditions, contre des militaires, seront subies dans les prisons civiles (1).

En ce qui concerne les militaires déserteurs qui viennent à

---

(1) Il résulte également d'un accord intervenu avec M. le Ministre de l'intérieur que les militaires condamnés à une peine entraînant la dégradation militaire, et qui obtiennent postérieurement commutation de cette peine en celle de l'emprisonnement, doivent subir dans les établissements pénitentiaires civils, la peine qui leur a été infligée par commutation.

être condamnés, au cours de leur désertion, par un tribunal ordinaire, leur situation est réglée par la circulaire du 28 février 1899, transmissive de la circulaire de M. le Ministre de la justice du 2 du même mois.

Enfin, les militaires présents sous les drapeaux et entraînés devant la juridiction de droit commun par une circonstance résultant de la présence de complices ou co-auteurs civils (articles 76 à 79 du Code de justice militaire), continueront, bien entendu, à subir la peine prononcée contre eux dans des établissements pénitentiaires militaires, en exécution de l'article 196, paragraphe 2, dudit Code.

J'ajouterai que les dispositions de la circulaire de M. le Garde des sceaux du 24 novembre 1897, communiquée par la circulaire émanée de mon Département le 6 janvier 1898 et en vertu desquelles des sursis d'exécution sont accordés aux jeunes soldats condamnés à des peines d'emprisonnement avant leur incorporation, seront également applicables aux militaires qui, pendant les six premiers mois de leur arrivée sous les drapeaux, viendraient à être condamnés par les tribunaux de droit commun pour faits commis antérieurement à leur entrée au service.

Général L. ANDRÉ.

Circulaire prescrivant de spécifier sur les extraits de jugements formule 18, en cas de condamnation pour vol, la nature des objets dérobés ou la valeur de la somme soustraite.

Paris, le 2 juillet 1901.

Le modèle n° 8 annexé à l'instruction du 10 décembre 1900 sur les établissements pénitentiaires, et qui est relatif aux propositions de grâces et de réductions de peine, comporte, en cas de condamnation pour vol, l'indication, dans la septième colonne, de la nature des objets dérobés ou de la valeur des sommes.

Or, l'exécution de cette prescription rencontre des difficultés pour ce motif que l'extrait de jugement qui accompagne le condamné ne contient pas de détails assez précis à ce sujet.

En conséquence, les extraits de jugement (formule 18) reproduiront à l'avenir, en cas de condamnation pour vol, et sans toutefois, y rien ajouter, la mention portée sur le jugement lui-même, et une note annexée, signée par le commissaire du gouvernement, spécifiera la nature des objets dérobés ou, lorsqu'il s'agira d'un vol d'argent, la valeur de la somme soustraite.

Circulaire relative à la suppression, sur le tableau des condamnations prononcées par les conseils de guerre, de la colonne concernant les condamnations antérieures.

Paris, le 13 juin 1905.

Aux termes de la circulaire du 5 septembre 1828, le tableau des jugements des conseils de guerre doit être affiché trimestriellement dans les quartiers et autres établissements militaires.

Or, une circulaire du 7 mars 1883 a prescrit d'y mentionner les antécédents judiciaires des condamnés, de sorte que le bulletin n° 2 du casier judiciaire est ainsi livré à la publicité, contrairement à la loi du 5 août 1899 qui en réserve la connaissance à certaines autorités limitativement désignées.

J'estime, en conséquence, qu'il y a lieu d'abroger la circulaire du 7 mars 1883, et, par suite, la colonne 10 du tableau annexé à la circulaire du 5 septembre 1828 doit être supprimée.

Maurice BERTEAUX.

Circulaire relative à l'exécution des jugements collectifs en cas de pourvoi en cassation.

Paris, le 4 juin 1908.

L'attention du Sous-Secrétaire d'Etat a été appelée sur la façon de procéder employée dans certains corps d'armée en ce qui concerne l'exécution des jugements rendus contre plusieurs militaires impliqués dans la même affaire lorsque l'un d'eux seulement se pourvoit en cassation.

Certains généraux commandant les circonscriptions considèrent que le jugement ne saurait être exécutoire avant décision de la cour suprême aussi bien à l'égard du condamné qui a formé un pourvoi qu'à l'égard de celui qui ne s'est pas pourvu.

Il est rappelé que, dans le cas de l'espèce, le jugement rendu contre le condamné qui ne s'est pas pourvu en cassation doit être exécuté dès qu'il est devenu définitif, c'est-à-dire après l'expiration du délai de trois jours francs imparti par l'article 44 de la loi du 17 avril 1906, car l'arrêt de cassation à intervenir ne peut avoir d'effet qu'à l'égard du condamné qui a formé le pourvoi.

Circulaire interdisant de mentionner les condamnations avec sursis sur les tableaux des jugements des conseils de guerre.

Paris, le 8 mai 1912.

L'attention du Ministre a été appelée sur ce fait que, dans certains corps d'armée, le tableau des jugements des conseils de guerre affiché trimestriellement dans les quartiers et autres établissements militaires, mentionne les condamnations prononcées avec sursis.

Une semblable pratique est en contradiction avec l'esprit de la loi du 28 juin 1904 qui a étendu à la juridiction militaire, le bénéfice de la loi de sursis; en outre, elle n'est pas conforme aux prescriptions de la circulaire du 5 septembre 1828 « relative à l'impression d'un tableau destiné à faire connaître les jugements qui seraient d'un effet exemplaire ».

Par suite, les condamnations avec sursis ne devront plus, à l'avenir, figurer sur les tableaux de condamnations.

IX

JURISPRUDENCE MILITAIRE.

Circulaire portant solution au sujet de l'application de la loi du 15 *juin* 1889 (1), *relative à l'extension de la loi du* 8 *décembre 1897, sur l'instruction préalable à la procédure devant les conseils de guerre.*

Paris, le 28 janvier 1903.

D'après l'article 10 de la loi du 8 décembre 1897, la procédure doit être mise à la disposition du conseil, la veille de chacun des interrogatoires que l'inculpé doit subir, et, d'après l'article 12 de la même loi, cette formalité est prescrite à peine de nullité.

Aussi, les instructions de M. le Garde des sceaux reproduites

(1) Voir loi du 27 avril 1916 et circulaire du 29 avril 1916 (*B. O.*, p. 306 et 314) qui seront insérées au volume 56, lors de la refonte de ce volume.

dans la circulaire du 20 juin 1899 (*B. O.*, É. M., vol. 56, p. 123) ont recommandé, comme indispensable, de constater à la fois dans le procès-verbal d'interrogatoire :

1° L'expédition de la lettre missive avertissant le défenseur;

2° La mise du dossier à sa disposition.

Ces recommandations doivent être strictement observées lorsque le défenseur n'assiste pas à l'interrogatoire; car, dans ce cas, un arrêt de la cour de cassation, en date du 17 octobre 1901 (affaire Guérard), a déclaré, par le dispositif suivant, que l'omission de la mention relative à la mise de la procédure à la disposition du conseil constitue un motif de nullité.

« Attendu que l'article 10, premier alinéa, de la loi du 8 décembre 1897 exige que, la veille de chaque interrogatoire, la procédure soit mise à la disposition du conseil de l'inculpé.

« Attendu que les procès-verbaux des interrogatoires subis par Guérard, le 30 mars 1901 et jours suivants, se bornent à énoncer que le conseil de l'inculpé « s'est excusé » ou « ne s'est pas présenté », mais qu'il n'y apparaît aucune mention relative à la mise à sa disposition de la procédure, et qu'ainsi, cette formalité, dont l'observation est prescrite à peine de nullité, aux termes de l'article 12 de la même loi, doit être réputée ne pas avoir été remplie... »

« Casse et annule..., etc. »

Deux jugements dans le même sens ont été rendus les 11 décembre 1902 et 8 janvier 1903 par le Conseil de revision de Paris.

Général L. ANDRÉ.

Circulaire portant notification d'une décision du conseil de revision de Paris, relative à l'application de l'article 200 (nouveau) du Code de justice militaire.

Paris, le 12 mars 1903.

Aux termes de l'article 200 du Code de justice militaire, modifié par la loi du 4 avril 1901, la détention préventive doit être intégralement déduite de la durée de la peine qu'a prononcée le jugement, à moins que les juges n'aient ordonné, par disposition *spéciale et motivée*, que cette imputation n'ait point lieu ou qu'elle n'ait lieu que pour partie.

Cette dernière prescription doit être observée en son entier; car, l'absence de l'indication du motif de la non-imputation de la détention préventive sur la durée de la peine constitue une violation de l'article 200 précité, ainsi que l'a déclaré, par le dispositif suivant, une décision du conseil de revision de Paris, en date du 12 février 1903 (Affaire Jallain et Dufermont) :

« Attendu que le procès-verbal des débats contient les seules mentions suivantes :

« Le conseil décide que la détention préventive ne sera pas imputée sur la durée de la peine prononcée contre Jallain.

« Le conseil décide que la détention préventive ne sera pas imputée sur la durée de la peine prononcée contre Dufermont. »

« Attendu que, si le jugement renferme une disposition spéciale, aucun motif n'est donné à l'appui de la mesure restrictive prise à l'encontre des condamnés, ainsi que l'ordonne impérativement la loi; omission qui constitue une violation de l'article 200 du Code de justice militaire;

« Par ces motifs,

« Le conseil de revision annule, à l'unanimité, le jugement dont est recours... »

Général L. ANDRÉ.

Circulaire portant notification relative aux peines dont est passible, devant la juridiction militaire, l'auteur d'incendie volontaire d'une tente ne servant pas à l'habitation.

Paris, le 30 janvier 1904.

Il a été constaté que certains conseils de guerre ont, par application des articles 434, 3e alinéa et 463 du Code pénal et de l'article 267 du Code de justice militaire, prononcé des condamnations à la réclusion pour incendie volontaire d'une tente ne servant pas à l'habitation.

Ces tribunaux militaires ont donné une fausse qualification aux faits commis : L'énumération du 3e alinéa de l'article 434 du Code pénal est restrictive et une tente, même dressée, ne saurait être considérée comme un édifice, un magasin ou un chantier. Il est, d'ailleurs, bien évident que le fait dont il s'agit n'évoque pas l'idée de grave péril qui, dans les autres hypothèses, explique la sévérité du législateur.

Il y avait donc lieu d'appliquer seulement l'article 254 du Code de justice militaire.

Cette jurisprudence a reçu la consécration de la Cour de cassation. (Arrêt du 20 novembre 1903. — Chambre criminelle. — Affaire Baert).

Circulaire fixant la jurisprudence en matière d'exceptions préjudicielles d'extranéité soulevées par des prévenus d'insoumission ou de désertion.

Paris, le 5 janvier 1905.

A l'occasion d'une décision rendue, le 11 juin 1903, dans l'affaire de R..., condamné pour désertion, qui avait soulevé une question préjudicielle d'extranéité, décision par laquelle le conseil de revision de Paris avait sursis à statuer jusqu'à la production de pièces et avait renvoyé le condamné, d'une part devant l'autorité militaire administrative, en ce qui concerne la régularité de l'acte qui le liait au service, et, d'autre part, devant la juridiction compétente pour la question d'Etat, M. le Garde des sceaux a été saisi par le Ministre de la guerre d'une demande en cassation, ainsi motivée :

« Je m'explique difficilement que le conseil de revision n'ait pas opposé à l'exception préjudicielle d'extranéité soulevée par le condamné R... une fin de non-recevoir pure et simple.

« Il résulte, en effet, implicitement de la jurisprudence et notamment des arrêts de la Cour de cassation, en date des 15 avril 1843 et 25 juin 1885, que l'exception d'extranéité doit être appuyée d'un commencement de preuve par écrit. Dans le cas contraire, le tribunal doit, sans s'arrêter à l'exception proposée, passer outre au jugement sur l'action criminelle. Cette règle paraît, d'ailleurs, devoir être appliquée à toute exception préjudicielle. (Dalloz, supplément au répertoire, Questions préjudicielles, n° 63 et arrêts cités.)

« A plus forte raison doit-il, à mon avis, en être ainsi lorsque les faits allégués par le prévenu ne sont pas pertinents, c'est-à-dire lorsque, à supposer qu'ils soient établis, ils ne sont pas de nature à justifier ses prétentions.

« Or, 1° en ce qui concerne le premier moyen invoqué par R..., à savoir que l'engagement volontaire aurait été contracté par lui sous la pression de sa famille, la loi dispose formellement que « la seule crainte révérentielle envers le père, la mère, ou autre ascendant, sans qu'il y ait eu de violence exercée, ne suffit point pour annuler le contrat » (art. 1114 du Code civil), et aucun fait de violence n'a été même allégué. Ce n'est pas en tout cas l'autorité militaire administrative, mais la juridiction civile, qui serait compétente pour apprécier la régularité de l'acte d'engagement;

« 2° En ce qui a trait au second moyen, à savoir que R... n'a pas opté pour la nationalité française, il est à remarquer que cet homme, né en France d'un père étranger et d'une mère d'origine française, ne pouvait, aux termes de l'article 8 du Code civil, modifié par la loi du 22 juillet 1893, décliner la nationalité française qu'en faisant, au plus tard dans l'année consécutive à sa majorité, la déclaration prévue par le paragraphe 4 du même article.

« Il s'agit donc pour lui d'établir, non pas qu'il *n'a pas opté pour la nationalité française*, mais qu'il a *en temps utile décliné cette nationalité.*

« Enfin, et en admettant même que la décision par laquelle le conseil de revision a sursis à statuer fût justifiée, j'estime qu'un délai devait être assigné au prévenu, l'action publique ne pouvant rester, par le fait de cette décision, indéfiniment en suspens.

« Pour ces divers motifs, la décision du conseil de revision de Paris du 11 juin 1903 ne me paraît pas devoir être maintenue, et j'ai l'honneur de vous prier de vouloir bien, conformément aux pouvoirs qui vous sont conférés par l'article 441 du Code d'instruction criminelle, la déférer à la Cour de cassation dans l'intérêt de la loi.

« Il est du plus haut intérêt qu'une jurisprudence ne s'établisse pas qui permette aux prévenus d'insoumission ou de désertion d'entraver par des manœuvres de pure obstruction le fonctionnement de la justice militaire. »

Par son arrêt du 3 décembre 1904, la Cour de cassation a confirmé cette manière de voir en annulant, dans l'intérêt de la loi par application de l'article 441 du Code d'instruction criminelle, la décision précitée du conseil de revision de Paris.

Maurice Berteaux.

Notification d'une décision du conseil de revision relative à l'application de la peine en cas d'admission des circonstances atténuantes.

Paris, le 25 mai 1905.

Sur un recours tendant à l'annulation du jugement en vertu duquel le conseil de guerre de X... a condamné le soldat H... à deux ans d'emprisonnement pour abandon de poste et dissipation d'effets, et basé sur ce que le conseil, après avoir admis les circonstances atténuantes en faveur du prévenu, a néanmoins prononcé contre lui le maximum de la peine, le conseil de revision a rendu, le 3 avril 1905, la décision suivante :

« Attendu, en droit, que les circonstances atténuantes sont des faits ou considérations susceptibles de modifier la culpabilité de l'individu poursuivi, et que, lorsque ces faits ou considérations sont constatés en sa faveur, ils ont pour effet d'entraîner une atténuation de la peine qu'il a encourue ;

« Attendu que si, en matière correctionnelle, il est de jurisprudence que les prescriptions de l'article 463 du Code pénal ne sont pas impératives pour les juges, c'est en tant seulement qu'elles visent l'abaissement possible au-dessous du minimum prévu ; mais qu'il ne s'ensuit pas que les juges aient, malgré l'admission des circonstances atténuantes, la faculté de ne pas abaisser la peine au-dessous du maximum de la pénalité édictée ;

« Attendu, en effet, qu'il résulte du jugement attaqué que H... a été déclaré coupable d'abandon de poste et de dissipation d'effets militaires à lui remis pour le service, délits prévus et réprimés par les articles 213 et 245 du Code de justice militaire ; que le maximum de la peine applicable, en tenant compte des dispositions de l'article 135 du même Code, était un emprisonnement de deux ans ;

« Mais, attendu que, le conseil ayant admis des circonstances atténuantes en faveur du prévenu, il y avait lieu, pour déterminer la peine applicable, de combiner les articles visés ci-dessus avec l'article 463, paragraphe 9 du Code pénal; que de cette combinaison il résultait que cette peine devait être inférieure à deux ans de prison ;

« Attendu néanmoins que le conseil de guerre a condamné H... à la peine de deux ans de prison par application des articles 213, 245, 135 du Code de justice militaire et 463 du Code pénal;

« Attendu qu'il y a contradiction absolue entre les deux parties du jugement dont est recours; qu'en effet, dans la première partie, les juges déclarent qu'il y a des circonstances atténuantes, c'est-à-dire que le prévenu ne mérite pas le maximum de la peine édictée par la loi et qu'il y a lieu de l'abaisser pour proportionner le châtiment à la culpabilité; et que, dans la seconde partie, ils appliquent précisément le maximum, c'est-à-dire qu'ils déclarent que le prévenu mérite toutes les rigueurs de la loi;

« Attendu qu'il résulte de tout ce qui précède qu'en ne tenant pas compte, pour l'application de la peine, des circonstances atténuantes que les juges, d'ailleurs libres de ne pas le faire, ont admises en faveur de l'inculpé, le jugement attaqué a formellement violé, en ne l'appliquant pas, l'article 463, paragraphe 9 du Code pénal, ce qui constitue le cas d'annulation prévu au numéro 3 de l'article 74 du Code de justice militaire;

« Par ces motifs, le conseil de revision admet à l'unanimité ce moyen de recours;

« En conséquence, ledit conseil annule à l'unanimité le jugement dont est recours, mais en ce qui concerne l'application de la peine seulement;

« Maintient les déclarations de culpabilité ainsi que l'admission des circonstances atténuantes, et renvoie H..., ensemble toutes les pièces de la procédure, devant le conseil de guerre de Y... pour qu'il soit statué sur une nouvelle application de la peine aux faits déclarés constants, conformément aux articles 167 et 170 du Code de justice militaire. »

Maurice Berteaux.

Notification d'un arrêt de la Cour de cassation fixant les termes dans lesquels doit être posée la question dans le cas de rébellion envers la force armée, prévue et réprimée par l'article 225 du Code de justice militaire.

Paris, le 9 mai 1908.

Sur les recours tendant à l'annulation d'un jugement en vertu duquel le conseil de guerre de... avait condamné à diverses peines cinq militaires pour rébellion envers la force armée, recours basés sur une violation de l'article 225 du Code de justice militaire, la Cour de cassation a rendu, le 8 juin 1907, l'arrêt suivant :

« Attendu que la question suivante a été posée au conseil de guerre pour chaque accusé : « Le soldat X... est-il coupable « d'avoir... commis une rébellion envers la force armée ? »

« Attendu que l'article 225 du Code de justice militaire n'est que l'application au Code militaire des dispositions de l'article 209 du Code pénal sur la rébellion ;

« Attendu que l'article 209 du Code pénal définit la rébellion : « toute attaque, toute résistance avec violences et voies de fait « envers la force publique » ;

« Qu'il s'ensuit que la rébellion prévue par l'article 225 du Code de justice militaire doit être caractérisée dans les termes de l'article 209 du Code pénal, c'est-à-dire par des violences et voies de fait ;

« Attendu, dès lors, qu'en interrogeant le conseil de guerre sur le fait de rébellion sans qu'il fût spécifié que cette rébellion était caractérisée par des violences et voies de fait, le président du conseil de guerre a commis une violation de l'article 225 susvisé.

« . . . .

« Par ces motifs :

« . . . .

« Casse et annule le jugement du conseil de guerre de... en date... et pour être statué à nouveau, conformément à la loi, renvoie la cause et les parties en l'état où elles se trouvent, devant le conseil de guerre de... à ce désigné par délibération spéciale prise en la chambre du conseil. »

Le Sous-Secrétaire d'Etat au ministère de la guerre,

Henry Chéron.

Notification d'un arrêt de la Cour de cassation relatif à l'application, en matière de faux, de l'amende prévue par l'article 164 du Code pénal.

Paris, le 17 juin 1908.

Sur un pourvoi tendant à l'annulation d'un jugement en vertu duquel le conseil de guerre de..., a condamné le soldat X..., à la peine de six jours de prison et de un franc d'amende, pour fabrication de fausse permission, la Cour de cassation a rendu, le 27 mars 1908, l'arrêt suivant :

....

« La Cour,

« Ouï.....

« Vu le pourvoi.....

« Sur le moyen pris de la violation de l'article 164 du Code pénal en ce que le conseil de guerre a prononcé une peine d'amende inférieure à cent francs;

« Attendu que l'article 164 du Code pénal édicte une amende dont le minimum est de cent francs, relativement à tous les crimes et délits prévus et punis par les articles 132 à 163 dudit code; que cette disposition s'applique d'une façon impérative aux faits qualifiés crimes par la loi pénale et que, dans le cas de crime, cette amende doit être prononcée même lorsque l'admission des circonstances atténuantes abaisse la peine à un simple emprisonnement, l'article 463 du Code pénal ne donnant pas aux juges, en matière criminelle, la faculté de remettre l'amende et même de l'atténuer.

« Mais attendu qu'il en est autrement lorsque le fait poursuivi ou réprimé est un délit; que, dans ce cas, l'article 463 dispose expressément que, si les circonstances paraissent atténuantes, les tribunaux correctionnels sont autorisés à réduire l'emprisonnement même au-dessous de six jours et l'amende même au-dessous de 16 francs; qu'ils peuvent aussi prononcer séparément l'une ou l'autre de ces peines, et même substituer l'amende à l'emprisonnement sans qu'en aucun cas elle puisse être au-dessous des peines de simple police;

délit et puni par le second paragraphe de l'article 156 du Code
délit et puni par le second paragraphe de l'article 156 du code pénal, d'une peine de six mois à trois ans d'emprisonnement;

« Que, par suite de l'admission des circonstances atténuantes et en vertu de l'article 463 précité, le conseil de guerre a donc pu ne prononcer qu'un emprisonnement de six jours et qu'une amende de un franc;

« D'où il suit que le moyen n'est pas fondé;

« Par ces motifs;

« Rejette le pourvoi. »

Le Sous-Secrétaire d'Etat au ministère de la guerre,
Henry Chéron.

Notification d'un arrêt de la Cour de cassation fixant la jurisprudence en ce qui concerne les juridictions compétentes pour les faits délictueux commis par des militaires pendant une permission de vingt-quatre heures.

Paris, le 8 septembre 1908.

Sur la demande en règlement de juges formée par M. le gouverneur militaire de Paris, dans le procès instruit contre le soldat X..., prévenu de s'être, au cours d'une permission de vingt-quatre heures, rendu coupable d'homicide et de coups et blessures volontaires, la Cour de cassation a rendu, le 23 juillet 1908, l'arrêt suivant :

La Cour,

Ouï......

Après en avoir délibéré dans la chambre du conseil ;

Vu l'article 57 du Code de justice militaire pour l'armée de terre ;

Vu également les articles 525 et suivants du Code d'instruction criminelle ;

Vu l'ordonnance d'un des juges d'instruction du tribunal de première instance de la Seine, en date du 20 mai 1908, par laquelle ce juge se déclare incompétent à raison des faits d'homicide et de coups et blessures volontaires imputés à X..., canonnier au ᵉ régiment d'artillerie, pour ce motif qu' « à la date où les faits se sont passés l'inculpé était sous les drapeaux et soumis à l'autorité militaire »;

Vu la décision du gouverneur militaire de Paris, du 16 juin 1908, qui déclare la juridiction militaire incompétente pour statuer sur ces mêmes faits d'homicide et de coups et blessures volontaires, parce que X... était régulièrement en permission de vingt-quatre heures au moment où il s'en serait rendu coupable ;

Attendu qu'il résulte de ces décisions qui toutes deux ont acquis l'autorité de la chose jugée, un conflit négatif de juridiction qui interrompt le cours de la justice ;

Attendu, en outre, qu'aux termes de l'article 57 du Code de

justice militaire du 9 juin 1857 les militaires, lorsqu'ils sont en congé ou en permission, ne sont justiciables des conseils de guerre que pour les crimes et délits prévus par le titre II du livre IV du même code ; qu'en visant les permissions, l'article 57 n'établit entre elles aucune distinction et qu'il n'exclut ni celles de courte durée, ni celles qui n'emportent pas mutation, ni celles enfin qui n'entraînent point la retenue ou le retrait d'une partie ou de la totalité de la solde ;

Attendu que le décret du 20 octobre 1892 sur le service intérieur des troupes de l'artillerie, après avoir déterminé dans ses articles 311, 312 et 313 les conditions dans lesquelles peuvent être accordées certaines dispenses d'appel ou de service, qu'il appelle des exemptions, dispose, en son article 314, que les permissions en vertu desquelles les sous-officiers, brigadiers et canonniers peuvent quitter leur garnison sont accordées par les chefs de corps ; qu'il s'ensuit que, sans qu'il y ait lieu de faire état de sa durée ou de son effet, au point de vue des contrôles de l'armée, la permission est le titre régulier émanant du chef de corps en vertu duquel un militaire est à la fois libéré des obligations du service militaire, et autorisé à quitter sa garnison pendant un temps déterminé ;

Et attendu qu'il est constant, d'une part, que X..., incorporé au e régiment d'artillerie, en garnison à V..., avait obtenu du colonel de ce régiment une permission de vingt-quatre heures, du 4 avril 1908, heure de minuit, au 5 avril à la même heure, avec autorisation de se rendre à P..., et, d'autre part, que les faits qui lui sont imputés auraient été commis à P..., dans la nuit du 4 au 5 avril, vers trois ou quatre heures du matin ;

Attendu que ces faits ne rentrent pas, par leur nature, dans la catégorie des crimes et délits prévus par le titre II du livre IV du Code de justice militaire pour l'armée de terre.

Réglant de juges,

Déclare que l'ordonnance du juge d'instruction au tribunal de la Seine, en date du 20 mai 1908, sera considérée comme non avenue, mais seulement en ce qu'elle a statué au regard de X..., le surplus de ses dispositions étant expressément maintenu ;

Renvoie X..., en l'état où il se trouve ainsi que les pièces de procédure, devant la chambre des mises en accusation de la cour d'appel de Paris, qui, au vu de l'instruction et de tout supplément d'information, s'il y a lieu, statuera, tant sur la prévention que sur la qualification à donner aux faits dont X... serait prévenu ou accusé ;

Ordonne que le présent arrêt sera notifié à qui de droit ;

Ainsi jugé et prononcé par la Cour de cassation.

Le Sous-Secrétaire d'Etat au ministère de la guerre,

Henry CHÉRON.

Notification d'un arrêt de la Cour de cassation en date du 22 juillet 1909, aux termes duquel le militaire puni qui refuse de se rendre aux locaux disciplinaires tombe sous l'application de l'article 218 du Code de justice militaire.

Paris, le 23 août 1909.

Sur un pourvoi tendant à l'annulation d'un jugement en vertu duquel le conseil de guerre de..... a condamné le soldat X..... à la peine de six mois de prison pour refus d'obéissance, la Cour de cassation a rendu, le 22 juillet 1909, l'arrêt suivant :

« La Cour,

« Ouï.....

« Vu le mémoire produit par le demandeur à l'appui de son pourvoi :

« Sur le moyen pris d'une violation de l'article 218 du Code de justice militaire en ce que le jugement attaqué aurait, à tort, considéré comme un ordre de service l'ordre de se rendre à la salle de police ;

« Attendu que l'expression *ordre de service* doit être entendue dans le sens le plus général et embrasse tous les ordres relatifs à l'accomplissement d'un devoir militaire quelconque ;

« Qu'il est dès lors impossible de ne pas l'appliquer aux injonctions que les chefs adressent à leurs subordonnés pour tout ce qui touche à la discipline des troupes et spécialement à l'injonction d'exécuter une punition disciplinaire ;

« Attendu, en conséquence, qu'en enjoignant au demandeur de se rendre à la salle de police pour y subir la punition qui lui avait été infligée, le supérieur du susnommé lui a donné au sens légal un ordre de service :

« D'où il suit qu'en condamnant le soldat X..... à six mois de prison pour refus d'obéissance, le jugement attaqué n'a nullement violé l'article de loi visé au moyen ;

« Attendu, ...

« Par ces motifs,

« Rejette le pourvoi. »

Notification d'un arrêt de la Cour de cassation relatif à l'application de l'article 239 du Code de justice militaire.

Paris, le 9 mars 1910.

Sur un pourvoi tendant à l'annulation d'un jugement en vertu duquel le conseil de guerre de Constantine a condamné le soldat X..., du ...e régiment de marche du corps de débarquement de Casablanca, à cinq ans de détention, à la dégradation militaire et à cinq ans d'interdiction de séjour, pour désertion en présence de l'ennemi, la Cour de cassation a rendu, le 11 novembre 1909, l'arrêt suivant :

« La Cour,

« Ouï...

« Sur le moyen pris de la violation de l'article 239 du Code de justice militaire ;

« Atendu que X..., faisant partie du ...e régiment de marche de l'armée opérant au Maroc, a quitté le 14 juillet 1908 le camp de B... et n'a plus reparu à son corps ;

« Attendu qu'il a été arrêté, le 15 juin 1909, à N... (Algérie) et traduit devant le conseil de guerre de Constantine qui l'a condamné, le 9 septembre 1909, pour désertion en présence de l'ennemi ;

« Attendu que le camp de B... était établi en territoire ennemi ;

« Que les termes « territoire ennemi » employés par l'article 63 du Code de justice militaire comprennent, en effet, tout territoire étranger occupé par les troupes françaises, même après les opérations de guerre et pour la protection des mêmes intérêts publics qui ont commandé cette occupation ;

« Que dans ces conditions, le jugement attaqué a fait à X... une juste application de l'article 239 visé au moyen ;

« Et attendu que le conseil de guerre a été composé conformément à la loi, qu'il était compétent, que la procédure est régulière et que la peine a été légalement appliquée aux faits déclarés constants par le conseil ;

« Par ces motifs,

« Rejette le pourvoi..... »

Notification d'un arrêt de la Cour de cassation relatif à la juridiction compétente à l'égard des réservistes et territoriaux qui, hors le cas de mobilisation et de convocation pour exercices, manœuvres ou revues, se rendent coupables d'infractions militaires.

Paris, le 16 juin 1910.

Sur un pourvoi tendant à l'annulation d'un jugement en vertu duquel le conseil de guerre de... a condamné le réserviste N... à la peine de trois ans d'emprisonnement pour insoumission à la loi sur le recrutement de l'armée, voies de fait et outrages envers un supérieur et rébellion, la Cour de cassation a rendu, le 29 avril 1910, l'arrêt suivant :

« La Cour,

« Ouï...

« Vu le mémoire produit à l'appui du pourvoi;

« Sur l'unique moyen pris de la violation des articles 55 et 56 du Code de justice militaire pour l'armée de terre et 43 de la loi du 21 mars 1905 sur le recrutement de l'armée, en ce que le conseil de guerre était incompétent pour statuer sur la poursuite du chef des délits d'outrages et de violences envers un supérieur et de rébellion, le demandeur n'étant pas militaire à la date des faits ainsi qualifiés;

« Vu ces articles;

« Attendu que l'article 43 de la loi du 21 mars 1905 dispose : Les hommes de la réserve et de l'armée territoriale appelés en cas de mobilisation ou convoqués pour des exercices, manœuvres ou revues, sont considérés sous tous les rapports comme des militaires de l'armée active et soumis, dès lors, à toutes les obligations imposées par les lois et règlements en vigueur.

« Attendu qu'aux termes de l'article 56 du Code de justice militaire, les militaires sont justiciables des conseils de guerre pendant qu'ils sont en activité de service ou portés présents sur les contrôles de l'armée ou détachés pour un service spécial;

« Attendu que N..., réserviste de la classe de 1898, a été arrêté le 21 janvier 1910 par la gendarmerie, comme prévenu d'insoumission et déposé provisoirement dans la prison du corps au ...e régiment..., où il a été placé en subsistance pour attendre qu'il fût l'objet d'un ordre d'informer;

« Qu'il était dans cette situation lorsque, le 26 janvier suivant, il aurait proféré des outrages et exercé une voie de fait envers un brigadier et résisté avec violences à la force armée et à un agent de l'autorité;

« Attendu qu'il a été condamné par le conseil de guerre à trois ans d'emprisonnement, tant à raison du délit d'insoumission qu'à raison des faits du 26 janvier, qualifiés outrages et voies de fait envers un supérieur et rébellion;

« Mais, attendu qu'à la date susénoncée, N... ne se trouvait dans aucune des situations prévues par l'article 43 de la loi du 21 mars 1905, dont l'effet est d'assimiler, sous tous les rapports, les réservistes aux militaires de l'armée active;

« Qu'en fait, il n'était pas en activité de service et n'était pas inscrit sur les contrôles du ...e régiment...;

« Que, dès lors, il n'était pas soumis aux obligations militaires et n'a pas pu commettre les délits spéciaux d'outrages et de violences envers un supérieur et de rébellion prévus et punis par les articles 223, 224 et 225 du Code de justice militaire;

« Que, s'il était, aux termes de l'article 58 du même Code, justiciable du conseil de guerre du chef du délit d'insoumission, il était justiciable des tribunaux ordinaires du chef des délits qu'il a pu commettre le 26 janvier 1910;

« D'où il suit que le conseil de guerre, en statuant sur des faits dont la connaissance appartenait aux tribunaux ordinaires et en appliquant à ces faits les pénalités édictées par le Code de justice militaire, a violé les articles visés au moyen et méconnu les règles de la compétence;

« Attendu, en outre, que la peine prononcée n'est pas justifiée par la déclaration de culpabilité du chef de l'insoumission;

« Attendu qu'il n'existe pas d'indivisibilité entre le fait d'insoumission et les faits d'outrages et de violences imputés à N...;

« Attendu, d'autre part, que si la peine prononcée n'est pas justifiée par le délit d'insoumission, la déclaration de culpabilité relative à ce délit reste régulière et qu'aux termes de l'article 170 du Code de justice militaire, il n'y a lieu de renvoyer que pour l'application de la peine;

« Par ces motifs,

« Casse et annule le jugement rendu le... par le conseil de guerre permanent de la ...e région de corps d'armée, qui a condamné N... à trois ans d'emprisonnement, ensemble les ordres d'informer des 11 et 25 février 1910, relatifs aux faits du

26 janvier précédent, l'instruction et l'ordre de mise en jugement, en tant qu'ils ont porté sur ces mêmes faits;

« Maintient expressément la déclaration de culpabilité concernant le délit d'insoumission;

« Renvoie, de ce dernier chef, la cause et le prévenu devant le conseil de guerre de la ...ᵉ région de corps d'armée à ce désigné par délibération spéciale prise en la chambre du conseil, lequel statuera uniquement sur l'application de la peine relativement au délit d'insoumission;

« Et attendu que les faits du 26 janvier 1910 ont été commis à X...,

« Dit que les pièces seront transmises ensuite au procureur de la République près le tribunal de première instance de X..., pour être procédé ainsi qu'il appartiendra, relativement à ces faits.

« Ordonne... »

Il est hors de doute que les attendus de cet arrêt doivent s'appliquer, au cas où le réserviste ou le territorial aurait, *hors le cas de mobilisation ou de convocation pour exercices, manœuvres ou revues*, commis des outrages ou des voies de fait ou toute autre infraction, soit pendant sa mise en subsistance dans un corps de troupe, soit pendant sa détention dans un établissement, prison ou pénitencier militaire, soit pendant qu'il voyageait sous la conduite de la force publique, soit alors qu'il se trouvait dans un hôpital militaire ou qu'il subissait une peine disciplinaire dans une prison du corps.

Les hommes des réserves échappent donc, dans ces diverses situations, à la juridiction des conseils de guerre.

Circulaire relative à l'annulation d'actes entachés d'une des nullités prévues par la loi du 8 *décembre* 1897, *dont certaines dispositions ont été rendues applicables devant les conseils de guerre par la loi du* 15 *juin* 1899.

Paris, le 30 juillet 1910.

Aux termes d'un arrêt de la Cour de cassation en date du 8 décembre 1899, le juge d'instruction n'a pas qualité soit pour prononcer l'annulation d'un acte entaché d'une des nullités prévues par la loi du 8 décembre 1897, soit pour recommencer spontanément cet acte.

Il doit, en pareil cas, mettre l'inculpé, son conseil présent ou dûment appelé, en mesure de déclarer s'il entend opposer la nullité et, au cas de l'affirmative, communiquer sa procédure au procureur de la République, à l'effet de saisir la chambre des mises en accusation à qui il appartient de statuer et « d'ordonner la *suppression au dossier* des actes déclarés nuls et de la procédure ultérieure ».

Or, en droit pénal militaire, ainsi qu'il résulte de l'exposé des motifs du code de 1857, le général commandant le corps d'armée, exerçant en réalité les pouvoirs de la chambre des mises en accusation, est investi de ceux reconnus à cette juridiction par l'arrêt précité.

En conséquence, les rapporteurs près les conseils de guerre devront à l'avenir, lorsqu'il y aura lieu à l'annulation d'un acte de procédure entaché d'une des nullités prévues par la loi du 8 décembre 1897, et si le prévenu ne veut pas renoncer à se prévaloir de cette nullité, transmettre le dossier, avec leur avis motivé, au commissaire du gouvernement, lequel l'adressera, avec ses conclusions, au général commandant la circonscription. Cet officier général statuera sur la nullité et ordonnera, le cas échéant, *la suppression au dossier* des actes déclarés nuls et de la procédure qui les a suivis.

Les pièces annulées seront conservées dans une chemise spéciale et placées dans les archives du greffe du conseil de guerre.

Circulaire portant notification d'un arrêt de la Cour de cassation aux termes duquel le conseil de guerre appelé à juger un militaire poursuivi pour désertion avec emport d'effets et qui a été acquitté sur le chef de désertion, est tenu obligatoirement de statuer sur le délit d'emport d'effets.

Paris, le 21 avril 1911.

Sur le pourvoi formé par le commissaire du gouvernement près le conseil de guerre de .... tendant à l'annulation d'un jugement en vertu duquel le soldat N..... a été acquitté du chef de désertion sans que ledit tribunal militaire ait statué sur la question d'emport d'effets, la Cour de cassation a rendu, le 10 mars 1911, l'arrêt suivant :

« La Cour,

« Ouï...,

« Sur le moyen du pourvoi pris de la violation des articles 132, 136, 140 et 245 2° du Code de justice militaire ;

« Vu lesdits articles ;

« En droit,

« Attendu que, pour servir de base à une décision du conseil de guerre portant soit l'acquittement, soit l'absolution, soit la condamnation de l'accusé, la déclaration du conseil de guerre doit être complète en ce sens qu'elle s'explique d'une manière expresse sur le fait principal qualifié dans l'ordre de mise en jugement, ainsi que sur les circonstances aggravantes de ce fait, et, le cas échéant, sur les questions subsidiaires que le président a déclaré devoir poser comme résultant des débats ; que le principe, d'après lequel la décision du conseil de guerre est irréfragable, ne reçoit son application que lorsque cette décision purge entièrement l'accusation ;

« En fait,

« Attendu que, suivant l'ordre de mise en jugement, N..... était prévenu de désertion à l'intérieur en temps de paix pour s'être absenté sans autorisation de son détachement, à X....., du 23 mai 1905, jour de l'absence constatée, au 25 novembre 1910, jour de son arrestation par la police de Z....., avec cette circonstance qu'il avait emporté, en désertant, des effets militaires qu'il n'avait pu représenter ;

« Attendu que le conseil de guerre s'est borné à répondre négativement à la question principale concernant le fait de désertion, mais qu'il n'a pas statué sur la question relative à l'emport d'effets militaires, laquelle ne lui a même pas été posée ; et que c'est dans ces conditions qu'il a prononcé l'acquittement de N..... ;

« Or, attendu qu'aux termes de l'article 245 2° du Code de justice militaire « est puni de six mois à deux ans d'emprisonnement tout militaire qui, acquitté du fait de désertion, ne représente pas le cheval qu'il aurait emmené, ou les armes ou effets qu'il aurait emportés » ; qu'il suit de là que l'accusation résultant expressément de l'ordre de mise en jugement précité, relativement au délit d'emport d'effets militaires, n'a pas été purgée par la décision du conseil de guerre, que l'acquittement manque de bases légales et que l'annulation du jugement doit être prononcée ;

« Sur l'étendue de la cassation :

« Attendu que si, aux termes de l'article 409 du Code d'instruction criminelle, rendu applicable aux tribunaux militaires par l'article 144 de la loi du 9 juin 1857, l'annulation d'un acquittement et de ce qui l'a précédé ne peut être poursuivi par le ministère public que dans l'intérêt de la loi, et sans préjudice à la partie acquittée, cette règle ne peut et ne doit recevoir son application que dans le cas où l'acquittement a été prononcé conformément aux articles 358 et 360 du Code d'instruction criminelle, 132, 136 et 140 du Code de justice militaire, c'est-à-dire sur le vu d'une déclaration régulière de non-culpabilité sur tous les chefs d'accusation; que, dans le cas où l'accusation n'est pas purgée, l'acquittement constitue de la part des juges qui le prononcent un excès de pouvoir contre lequel le commissaire du gouvernement a le droit de se pourvoir afin d'assurer le jugement d'une accusation qui n'a pas été soumise en entier à la décision du conseil de guerre ;

« Attendu, dans l'espèce, que l'accusation n'a été purgée qu'en ce qui concerne le fait de désertion à l'intérieur, la déclaration négative du conseil de guerre devant être considérée comme définitive sur ce point ; mais qu'il en est différemment quant au délit prévu par l'article 245 2° du Code de justice militaire ;

« Par ces motifs,

« Casse et annule le jugement du conseil de guerre de..... du............, en ce qu'il n'a pas statué sur le délit d'emport d'effets militaires prévu par l'article 245 2° du Code de justice militaire, la déclaration négative de culpabilité sur le fait de désertion à l'intérieur demeurant expressément maintenue ; et, pour être procédé conformément à la loi sur le délit précité, renvoie la cause et N....., en l'état, devant le conseil de guerre de Y....., à ce désigné par délibération spéciale en la chambre du conseil ;

« Ordonne... »

Cet arrêt fixe un point de jurisprudence dont l'importance ne devra pas échapper aux chefs des parquets militaires, qui auront à s'y conformer strictement.

X

PROCÉDURE.

Circulaire prescrivant que la cassation des sous-officiers, caporaux ou brigadiers prévenus de crimes ou délits ne doit pas avoir lieu préalablement à leur mise en jugement.

Paris, le 25 mars 1838.

Messieurs, malgré les avertissements nombreux que j'ai eu occasion d'adresser à différentes époques, il arrive encore quelquefois que la cassation des sous-officiers, caporaux ou brigadiers prévenus de crimes ou de délits, a lieu préalablement à leur mise en jugement devant les tribunaux civils ou militaires.

Cette manière d'opérer est évidemment contraire aux principe d'une justice bien entendue.

La cassation des grades inférieurs est une peine disciplinaire infligée pour les seuls cas d'infractions à la discipline que la loi a qualifiées *fautes;* mais cette mesure est inopportune lorsqu'il s'agit d'un crime ou d'un délit, car c'est un tribunal qui doit, seul, apprécier les faits; elle devient même arbitraire et injuste, car il est de principe que tout homme en état de prévention doit être réputé innocent jusqu'à ce que la justice ait prononcé sur son sort.

En général, quand un militaire (sous-officier, caporal ou brigadier) est prévenu d'un crime ou d'un délit, qu'il soit présent ou qu'il se soit soustrait aux poursuites, l'autorité militaire peut, en attendant que la justice ait statué définitivement, le remplacer ou le faire suppléer dans ses fonctions, selon que l'absence se prolonge et que les besoins du service l'exigent; mais elle ne doit pas perdre de vue qu'il est essentiel que le prévenu soit jugé avec le grade qu'il occupait lorsqu'il a commis le délit, parce que c'est souvent ce même grade qui détermine le plus ou moins de criminalité du fait qu'on lui reproche.

Je vous invite donc à vous conformer désormais avec exactitude, chacun en ce qui vous concerne, aux principes rappelés dans la présente circulaire.

Baron Bernard.

Circulaire prescrivant que le rapporteur doit être assisté d'un interprète, alors même qu'il entendrait la langue ou l'idiome du prévenu.

Paris, le 12 août 1850.

Général, un dissentiment s'est élevé entre les membres d'un parquet sur la question de savoir si le rapporteur est tenu, alors même qu'il entendrait la langue ou l'idiome d'un accusé ou d'un témoin qui ne parlerait pas français, de se faire assister d'un interprète, d'après le principe posé dans l'article 332 du Code d'instruction criminelle.

Cette question doit se résoudre par l'affirmative. La garantie de la défense exige que le soin de reproduire fidèlement, afin qu'elles soient transcrites par le greffier, les questions adressées au prévenu ou au témoin et les réponses qu'ils y ont faites ne reposent pas uniquement sur le magistrat chargé de l'instruction; on ne peut méconnaître que le concours d'un interprète, que la loi astreint au serment, prévient en pareil cas tout reproche d'infidélité et d'inexactitude, que l'accusé pourrait être disposé plus tard à faire entendre au sujet de la rédaction des procès-verbaux d'information ou d'interrogatoire.

Général D'HAUTPOUL.

Circulaire prescrivant que les dossiers de procédure doivent être consultés au greffe par le président et les personnes intéressées.

Paris, le 24 septembre 1857.

Général, vous m'avez demandé si le président du conseil de guerre de votre division peut, ainsi qu'il en a exprimé le désir, recevoir chez lui communication des procédures avant la séance du conseil où les affaires doivent être jugées.

On ne peut méconnaître que le président d'un conseil de guerre doit souvent avoir besoin de prendre connaissance des affaires avant le moment fixé pour la réunion des tribunaux, car il serait difficile d'admettre que, s'il n'a pas à l'avance compulsé et examiné les pièces de l'instruction, il puisse être à même de bien apprécier les questions qu'il importe d'adresser aux témoins et à l'accusé, en un mot de donner aux débats la direction la plus propre à assurer la découverte de la vérité.

Mais, d'un autre côté, en vertu de l'article 109 du Code de justice militaire, un délai de trois jours seulement s'écoule entre la convocation du conseil et celui où le défenseur est admis à prendre connaissance des pièces de procédure, et ce dernier n'a la faculté de le faire qu'au greffe, ainsi que le dit formellement l'article 112 du même Code.

Le commissaire impérial a aussi besoin de consulter la procédure avant le moment de l'audience pour préparer son réquisitoire; ces diverses communications exigent donc que les dossiers ne sortent pas du greffe.

Il y aurait, en outre, un autre inconvénient à ce que la demande de M. le président du conseil de guerre fût accueillie : c'est que les dossiers pourraient courir le risque d'être égarés.

En résumé, c'est au greffe et sans déplacement, que le président, comme toutes les autres personnes intéressées, doit prendre communication des pièces.

Maréchal VAILLANT.

Circulaire prescrivant qu'en cas d'acquittement, le ministère public a le droit de dénoncer au chef de la justice militaire les faits nouvellement révélés.

Paris, le 12 mars 1869.

Monsieur le Maréchal, M. le commissaire impérial près le .... conseil de guerre, séant à......., me rend compte d'un incident auquel a donné lieu l'application des dispositions de l'article 142 du Code de justice militaire. Il me demande spécialement si, en cas d'acquittement et lorsque les débats ont établi des faits nouveaux à la charge de l'inculpé, les juges ne sont pas tenus de déférer aux réquisitions du ministère public tendant au maintien en état d'arrestation de cet individu et à son renvoi devant le général divisionnaire.

En pareil cas, le commissaire impérial est certainement en droit non seulement de demander acte de ses réserves afin de provoquer de nouvelles poursuites contre l'accusé, mais encore de requérir le conseil de guerre d'ordonner que ce dernier demeure en état d'arrestation; toutefois, le parquet du conseil est dans l'erreur lorsqu'il pense que cette prescription de l'article 142 du Code de justice militaire est impérative et qu'il n'est pas loisible aux juges de repousser les conclusions du ministère public; sur ce point, comme sur tous les autres, les juges sont entièrement libres dans leur appréciation et, s'ils ne trouvent point, dans les renseignements recueillis, des présomptions suffisantes de culpabilité à la charge de l'individu dont ils viennent de prononcer l'acquittement, ils ne peuvent être tenus de faire droit aux réquisitions formulées contre lui.

Du reste, leur refus à cet égard ne saurait avoir pour résultat d'arrêter l'action du commissaire impérial.

En effet, bien que celui-ci doive procéder à l'exécution du jugement d'acquittement, dans les délais prescrits par la loi, rien ne l'empêche de dénoncer au général divisionnaire les faits révélés aux débats et de lui rendre compte de l'incident.

Cette communication permet au général de prescrire, s'il le juge convenable, une nouvelle information, conformément à l'article 99 du Code de justice militaire, et cela avant même la mise en liberté de l'individu acquitté.

Maréchal Randon.

Circulaire relative aux rapports respectifs des commissaires et des rapporteurs.

Paris, le 11 janvier 1861.

Général, vous me rendez compte des dissentiments survenus entre le commissaire impérial et le rapporteur du conseil de guerre de votre division, au sujet de leurs attributions et vous me consultez sur diverses questions qui s'y rattachent.

C'est avec raison que vous avez invité M. le rapporteur à cesser de se faire remettre la correspondance des militaires en état de détention préventive. Cet officier ne doit recourir à cette mesure que dans des circonstances exceptionnelles, et lorsqu'il y voit un intérêt direct à l'instruction de certaines affaires. Les observations de M. le commissaire impérial sur ce point sont parfaitement fondées. D'ailleurs, conformément aux règlements des 9 mars 1852 et 23 juillet 1856 (1), l'examen des lettres des détenus appartient au commandant de l'établissement, qui ne manquerait pas de communiquer au rapporteur les renseignements utiles qui viendraient à sa connaissance.

J'approuve également l'invitation que vous avez donnée à ce magistrat de restreindre l'usage trop fréquent qu'il paraît avoir fait des commissions rogatoires pour entendre les témoins. En raison même des inconvénients que peut présenter ce moyen d'instruction, il n'y a lieu de l'employer qu'autant que les dépositions à recevoir ne sont pas assez importantes pour nécessiter des déplacements, ou bien encore lorsque la résidence des témoins est très éloignée et que leur comparution en personne, indépendamment de ce qu'elle occasionnerait des frais onéreux, pourrait apporter des lenteurs dans la procédure.

. . . .

Vous n'êtes point fixé, dites-vous, sur la question de savoir si le rapporteur doit terminer le rapport indiqué dans l'article 108 du Code de justice militaire par son avis sur la culpabilité ou la non-culpabilité du prévenu, ou bien s'il doit exprimer cet avis dans une pièce séparée.

Pour que le rapport dont il s'agit soit complet, il est évident que, d'après les termes mêmes de l'article 108, le magistrat qui a dirigé l'instruction doit faire connaître, par cette pièce même, son opinion personnelle sur la décision à prendre à l'égard de l'inculpé, c'est-à-dire sur la convenance de le traduire en jugement ou de rendre en sa faveur une ordonnance de non-lieu.

---

(1) Actuellement, l'instruction du 10 décembre 1900 (volume 57).

Cette conclusion est le complément des renseignements que la loi fait au rapporteur ainsi qu'au commissaire impérial un devoir de donner au général divisionnaire pour mettre ce dernier à même de statuer. Il s'ensuit que l'avis du commissaire impérial et celui du rapporteur sont des pièces qui font partie intégrante du dossier de la procédure.

Vous faites observer, en terminant, qu'il ressort du conflit élevé entre ces deux officiers que leurs attributions réciproques ont besoin d'être clairement définies. Vous demandez notamment si le commissaire impérial a droit de contrôle sur les actes du rapporteur en tant que ce dernier agit comme juge d'instruction; s'il a le droit de surveillance sur le même officier, pour ce qui regarde les règles générales de la discipline, c'est-à-dire l'exactitude à remplir ses fonctions, la présence dans la place, etc., etc.

Cette dernière question doit se résoudre par la négative. On ne saurait, pour déterminer les rapports de service du commissaire impérial et du rapporteur, prendre pour base les règles et les principes de la hiérarchie militaire. Bien que le commissaire impérial soit le chef du parquet et en ait la direction, le rapporteur reste indépendant dans la sphère de ses attributions. S'il est obligé d'en référer souvent au commissaire impérial, en ce qui est relatif à l'ensemble des affaires, il conserve son libre arbitre et agit suivant ses propres inspirations dans l'exécution des actes de son ministère.

Enfin, j'ajouterai que M. le commissaire impérial n'a nullement outrepassé ses pouvoirs, lorsqu'après avoir officieusement invité le rapporteur à cesser de se faire communiquer la correspondance des militaires détenus préventivement et à mettre plus de réserve dans l'emploi des commissions rogatoires, il a cru devoir appeler votre attention et la mienne sur l'irrégularité de ce mode de procéder. J'espère que vos recommandations auront fait sentir à ces officiers combien il importe à la bonne administration de la justice que chacun d'eux se montre animé d'un esprit d'entente réciproque et de conciliation dans l'exercice de fonctions qui présentent de fréquents points de contact par cela même qu'elles tendent vers un but commun.

Je vous prie de leur communiquer le contenu de la présente dépêche.

Maréchal RANDON.

Circulaire portant que les interprètes militaires ne sont pas astreints à répéter le serment chaque fois que leur ministère est réclamé.

Paris, le 9 septembre 1863.

Général, M. le commissaire impérial près le conseil de guerre de *** fait remarquer que le conseil de revision a annulé une procédure instruite devant ce conseil de guerre, pour le motif que l'interprète n'avait pas renouvelé son serment au moment d'assister divers témoins dans leurs dépositions, quoiqu'il l'eût précédemment prêté pendant le cours de l'information et notamment dans l'audition des premiers témoins.

Il est de principe que cette prestation de serment est inutile en ce qui concerne les interprètes attachés aux tribunaux, et la Cour de cassation a décidé dans un arrêt du 28 janvier 1836 que les interprètes assermentés près le tribunal français en Afrique ont un caractère permanent qui les dispense, même en matière criminelle, de renouveler leur serment dans des affaires où ils sont appelés à remplir leurs fonctions.

La décision du conseil de revision qui m'a été signalée n'est donc pas fondée, et il importe de se pénétrer de ce principe que les interprètes militaires, ayant prêté le serment professionnel, ne sont point astreints à le répéter chaque fois que leur ministère est réclamé.

Circulaire prescrivant que les rapporteurs sont tenus de fournir les procédures exemptes de toute cause d'annulation, qu'il s'agisse d'informations ou instructions faites par eux ou par d'autres.

Paris, le 6 janvier 1865.

Général, M. le commissaire impérial fait remarquer que les officiers des bureaux arabes commettent quelquefois des irrégularités dans les actes qu'ils ont à rédiger, lorsqu'ils sont chargés, en qualité d'officiers de police judiciaire, de procéder à des informations préliminaires pour constater les crimes ou délits commis en territoires militaires, et il me demande si, néanmoins, ces informations peuvent être simplement rectifiées à l'audience, sans que le jugement soit entaché de vice de nullité.

L'article 104 du Code de justice militaire autorise les rapporteurs à se dispenser d'entendre les témoins qui ont déjà déposé devant un officier de police judiciaire avant l'ordre d'informer, mais c'est évidemment à la condition que leurs déclarations seront constatées dans des actes régulièrement dressés et pouvant être admis comme pièce de procédure, puisque ces actes sont destinés à remplacer ceux qui, à leur défaut, devaient nécessairement être établis par le rapporteur lui-même.

Avant donc de s'approprier en quelque sorte ces requêtes préliminaires, le rapporteur est tenu d'examiner si les prescriptions de la loi ont été observées, et, lorsqu'il reconnaît que les dépositions d'un ou de plusieurs témoins n'ont pas été reçues dans la forme prescrite par la loi, et qu'il en pourrait résulter un motif d'annulation, il doit citer ces derniers devant lui ou les faire entendre de nouveau par voie de commission rogatoire.

Il n'est pas douteux, non plus, que, si des procès-verbaux dressés en vertu de commissions rogatoires présentaient des erreurs ou des omissions, il y aurait lieu de les renvoyer au magistrat chargé de leur exécution, pour qu'il les rectifie; mais, dans aucun cas, on ne saurait admettre, comme paraît le supposer M. le commissaire impérial, que les irrégularités commises avant ou pendant l'information puissent être couvertes par la régularité des dépositions faites à l'audience, car ces deux phases de la procédure sont complètement distinctes et indépendantes l'une de l'autre.

Maréchal Randon.

Circulaire prescrivant que les dépositions de témoins absents rédigées dans une langue étrangère à l'accusé doivent lui être traduites par un interprète. Constatation par le greffier des faits survenus après l'audience.

Paris, le 13 novembre 1866.

Général, le conseil de revision a annulé le jugement par lequel un conseil de guerre a condamné le nommé X... à vingt ans de travaux forcés pour assassinat.

Le motif invoqué à l'appui de cette décision est que les dépositions, écrites en français, de témoins non comparants, ont été lues à l'audience, par ordre du président, sans avoir été traduites à l'accusé par l'interprète. M. le commissaire impérial près le conseil de guerre appelle mon attention sur cette annulation et, comme le défenseur du nommé X... avait demandé acte de l'incident qui a servi de base à la cassation du jugement, il me prie de lui indiquer si le greffier était tenu de lui dresser procès-verbal des faits survenus depuis la clôture de l'audience.

En ce qui concerne le vice de nullité relevé par le conseil de revision, il était parfaitement fondé. La Cour de cassation a décidé, à la date du 3 mars 1836, comme le conseil de revision l'indique dans sa décision, que le président d'une cour d'assises peut, en vertu de son pouvoir discrétionnaire, faire lire à l'audience les dépositions de témoins qui ne comparaissent pas, mais que la teneur de ces dépositions doit, à peine de nullité, être traduite et transmise à l'accusé, lorsque celui-ci n'est pas en état de les comprendre. Cette nécessité découle du principe absolu de la liberté et des garanties d'impartialité auxquelles a droit la défense.

Bien que dans l'affaire du nommé X... les témoins dont la déposition a été lue sans lui être traduite n'eussent pas été cités aux débats et que, dès lors, leur témoignage n'eût pu être reçu qu'à titre de simple renseignement, on n'en devait pas moins mettre l'accusé à même de connaître et de réfuter au besoin le contenu de leurs déclarations.

Quant au point de savoir si la réclamation faite par le défenseur de cet homme, après la levée de la séance, devait être consignée au procès-verbal d'audience, la solution de cette question dépend complètement des circonstances dans lesquelles a eu lieu l'incident. Si M. le président, immédiatement après le prononcé du jugement, a déclaré l'audience levée sans que l'avocat ait eu un temps moralement suffisant pour formuler sa demande, il est évident que cette demande ne pouvait être repoussée comme présentée tardivement, et, puisqu'en définitive elle a été accueillie par le tribunal, on doit supposer qu'elle avait été faite en temps opportun; dès lors, le greffier ne pouvait, en aucune manière, s'abstenir de consigner cette circonstance à la suite du procès-verbal d'audience.

Maréchal Randon.

Circulaire portant que les pièces présentées par un accusé pour sa défense doivent être accueillies aussi bien pendant l'instruction qu'aux débats.

Paris, le 30 octobre 1867.

Monsieur le Maréchal, M. le commissaire impérial près le conseil de guerre, séant à....., demande si un accusé peut présenter, pendant l'instruction, des pièces justificatives à l'appui de sa défense, ou si cette production n'est pas contraire à l'esprit de la loi et ne doit être admise que pendant les débats.

Pour arriver le plus sûrement possible à la manifestation de la vérité, il importe d'accueillir à tous les instants les moyens de défense qu'un inculpé est à même de fournir, et le moment le plus opportun paraît être le temps de l'information, puisqu'alors le rapporteur a toutes les facilités désirables de vérifier la véracité des documents qui sont produits.

En refusant de recevoir ces pièces pendant les diverses phases de la procédure et en obligeant l'accusé à ne les produire que devant les juges, on négligerait un moyen de contrôle précieux, et, de plus, on pourrait, dans certains cas, non seulement entraver la liberté de la défense, mais encore entraîner le magistrat instructeur à se livrer à des investigations qui deviendraient inutiles, par suite des explications de l'inculpé.

Maréchal NIEL.

Circulaire portant que les commissions rogatoires concernant des officiers doivent être, autant que possible, exécutées par des militaires du même grade.

Paris, le 6 novembre 1868.

Général, M. le général commandant la e division militaire me communique des observations qui lui ont été adressées par M. le capitaine X..., au sujet d'une commission rogatoire décernée à un maréchal des logis chef de gendarmerie par le rapporteur près le conseil de guerre de votre division à l'effet de recevoir son témoignage dans l'affaire du nommé Z..., fourrier au e d'infanterie, accusé de faux en matière d'administration.

Pour remplir le but que le législateur s'est proposé en prescrivant d'entendre les témoins éloignés par voie de commission rogatoire, on ne saurait astreindre, en principe, les rapporteurs à ne confier l'exécution de ces commissions qu'à des militaires d'un grade égal ou d'un grade supérieur à celui du témoin. Toutefois, puisque M. le capitaine X... résidait dans une place où se trouvent plusieurs officiers de gendarmerie, il était naturel de charger l'un d'eux, de préférence à un sous-officier, de l'accomplissement de cette commission rogatoire.

Je vous prie d'en faire l'observation à M. le rapporteur près le conseil de guerre de votre division et de l'engager à éviter autant que possible d'éveiller des susceptibilités qui, comme dans la circonstance actuelle, pouvaient être ménagées.

Maréchal NIEL.

Circulaire portant qu'en cas de fait nouveau se produisant au cours de l'instruction, le rapporteur doit demander un ordre d'informer supplémentaire.

Paris, le 21 mai 1869.

Général, mon attention a été appelée sur la décision du conseil de revision qui a annulé, à la date du 15 avril dernier, le jugement par lequel le nommé X... a été condamné, le 5 du même mois, à cinq ans de travaux publics, pour rébellion envers la force armée et voies de fait, en dehors du service, envers son supérieur.

Le motif invoqué à l'appui de cette décision consiste en ce que l'ordre d'informer n'avait relevé à la charge du nommé X... que le délit de rébellion envers la force armée, tandis que, conformément au rapport du rapporteur et à l'ordre de mise en jugement, il a comparu devant le conseil comme inculpé de ce délit et, en outre, de voies de fait envers son supérieur, contrairement au principe posé dans l'article 99 du Code de justice militaire.

Cet article exige en effet, à peine de nullité, que la poursuite des crimes et délits n'ait lieu qu'en vertu d'un ordre d'informer du général divisionnaire, et, dès lors, le rapporteur ne saurait comprendre dans son information d'autres faits que ceux dénoncés par l'ordre de poursuites.

Cette prescription est générale, et, si un fait nouveau vient à être découvert pendant l'instruction, le rapporteur ne peut procéder sur ce fait, sans excès de pouvoir, avant d'avoir demandé, par l'intermédiaire du commissaire impérial, un supplément à l'ordre d'informer qui lui permettra de faire porter ses investigations sur la nouvelle inculpation.

Il est vrai que, dans le cas où les nouvelles dispositions se borneraient à assigner au fait qui a donné lieu à la plainte un caractère différent de celui qui résulte de l'ordre d'informer, il suffirait de modifier la qualification à lui donner dans l'ordre de mise en jugement. Mais, lorsque, comme dans l'affaire du nommé X..., les documents recueillis par l'instruction aggravent la prévention primitivement portée et changent son caractère, au point que, outre le délit pour lequel il semblait devoir être poursuivi, le prévenu peut encore être accusé d'un crime, on ne saurait continuer l'instruction sans en avoir référé au général de division et obtenu son autorisation.

Maréchal Niel.

Circulaire relative aux formalités pour obtenir communication des dépêches télégraphiques officielles nécessaires à l'instruction.

Paris, le 6 janvier 1870.

J'ai été consulté sur la question de savoir s'il a été édicté des dispositions spéciales en vue de déterminer les conditions dans lesquelles l'autorité judiciaire a le droit de requérir la communication de dépêches télégraphiques officielles.

C'est dans les dispositions du Code d'instruction criminelle que l'autorité judiciaire trouve le droit de saisir les dépêches télégraphiques, comme les autres lettres, pièces ou registres pouvant servir à établir la preuve d'un crime ou d'un délit. Mais l'exercice de ce droit n'a pas paru susceptible d'être réglementé d'une manière absolue.

Dans cette situation, j'ai décidé que la règle suivante serait observée, au besoin, par l'autorité militaire exerçant le pouvoir judiciaire.

Lorsque, pour l'instruction de crimes ou délits de sa compétence, un commissaire impérial près un conseil de guerre sera dans l'obligation de prendre connaissance des dépêches télégraphiques officielles, il en informera le chef du service télégraphique local.

Si cet agent croit devoir refuser la communication demandée, le commissaire impérial établira une réquisition faisant connaitre exactement la nature des documents jugés utiles pour l'instruction judiciaire en cours et l'adressera au Ministre de la guerre par l'intermédiaire du général commandant la division territoriale.

M. le Ministre de l'intérieur (1) statuera, sur la suite à donner à cette réquisition.

Général Le Bœuf.

Circulaire portant que le chef de corps ou commandant de place qui a signé la plainte peut agir comme officier de police judiciaire.

Paris, le 14 janvier 1870.

Général, un conseil de guerre a condamné le nommé X... à la peine de dix ans de travaux forcés, pour vol qualifié. Ce juge-

(1) Actuellement, le Sous-Secrétaire d'Etat des postes, des télégraphes et des téléphones.

ment a été annulé par décision du conseil de revision, comme ayant été rendu en violation de l'article 24 du Code de justice militaire, paragraphe 2, lequel est ainsi conçu :

« Nul ne peut siéger comme président ou juge, ni remplir les fonctions de rapporteur dans une affaire soumise au conseil de guerre, s'il a porté plainte, donné l'ordre d'informer ou déposé comme témoin. »

Cette annulation est motivée sur ce que M. Z..., lieutenant, commandant la compagnie à laquelle appartenait l'accusé et, en cette qualité, signataire du rapport établi contre ce militaire, aurait, dans l'instruction, comme commandant de la place de ...., officier de police judiciaire, reçu les dépositions des té moins, en vertu de commissions rogatoires à lui transmises par le rapporteur.

Le conseil de revision s'est évidemment mépris en donnant aux termes si formels de l'article 24 du Code de justice militaire une extension que cet article ne saurait comporter. Quand un chef de corps ou un commandant de place, qui a signé la plainte portée contre un militaire placé sous ses ordres, agit ensuite, dans la même affaire, comme officier de police judiciaire, il n'y a point dans ce fait le cas de nullité prévu par l'article 24 précité. En effet, aux termes de l'article 85 du même Code, « les commandants de place peuvent faire personnellement ou requérir les officiers de police judiciaire de faire tous les actes nécessaires à l'effet de constater les crimes et les délits ». Il résulte de ce texte que la capacité d'agir comme officier de police judiciaire est ajoutée, sans rien enlever aux autres droits du commandant de place ou du chef de corps.

Général Le Bœuf.

Circulaire relative aux délais et formes dans lesquels le pourvoi en cassation doit être formé par le ministère public.

Paris, le 16 février 1870.

Général, le commissaire impérial près le conseil de revision de ..... me signale le rejet du pourvoi formé par le substitut du commissaire impérial près le conseil de guerre de .... contre le jugement qui a condamné le nommé X... à deux mois de prison pour avoir frappé son supérieur.

Le rejet est motivé sur ce que le ministère public n'a formé son pourvoi que le 15 décembre, c'est-à-dire après l'expiration du délai de vingt-quatre heures fixé par l'article 143 du code de justice militaire.

Toutefois, comme il résulte des pièces du dossier que, le jour même de la condamnation du nommé X..., le substitut du commissaire impérial a déclaré au greffier du conseil son intention de se pourvoir contre le jugement et que le conseil de revision, influencé par cette circonstance, n'a rendu sa décision de rejet qu'à la majorité de trois voix contre deux, M. le commissaire impérial me demande :

1° Si une simple déclaration verbale faite dans les délais suffit pour valider le pourvoi en revision ;

2° Si, après cette déclaration, le commissaire impérial ou son substitut peut remettre au greffe un pourvoi, trois ou quatre jours après la lecture du jugement au condamné.

Il est de principe que les formalités prescrites par la loi sont considérées comme n'ayant pas été remplies lorsqu'elles ne sont pas régulièrement constatées.

Or, l'article 144 du Code de justice militaire dit positivement « que le recours du commissaire impérial doit être formé au greffe dans le délai de vingt-quatre heures fixé par l'article 143 dudit Code », et ce recours ne peut être légalement constaté que par le procès-verbal établi par le greffier, suivant le modèle numéro 22 annexé au Code de justice militaire.

La déclaration verbale que le substitut du commissaire impérial a faite le 10 décembre n'était pas conséquemment de nature à tenir lieu du pourvoi qu'il a formé seulement le 15, et dont il a dû alors lui avoir été donné acte.

Dans cet état de choses, le conseil de revision ayant à statuer sur un pourvoi notifié au greffe en dehors des délais légaux a eu raison de le rejeter.

Général LE BŒUF.

Circulaire relative au mode de transmission des plaintes en conseil de guerre (1).

Paris, le 9 juin 1870.

Général, il est ressorti de l'examen d'un certain nombre de dossiers de procédures qui m'ont été communiqués qu'il n'est pas procédé d'une manière uniforme pour l'établissement et la transmission des plaintes en conseil de guerre à l'officier général commandant la division, lorsqu'un crime ou un délit a été commis par un militaire faisant partie d'une fraction de corps dont la portion centrale est stationnée soit dans une autre subdivision

(1) Voir pour les infirmiers la note ministérielle du 21 janvier 1890.

que celle où se trouve ladite fraction, soit même dans une division différente. Dans ce cas tout particulier, il arrive quelquefois que le commandant du détachement a cru devoir adresser la plainte à son colonel, dont il était momentanément éloigné, ce qui est préjudiciable à la bonne administration de la justice.

Le droit de porter plainte appartient en principe au chef de corps; mais quand le corps vient à être fractionné par suite des exigences du service, ce droit s'étend au chef du détachement où sert le délinquant, puisqu'il est tenu, aux termes de l'article 85 du Code de justice militaire, de faire tous les actes nécessaires à l'effet de constater la faute commise; qu'il est, en outre, le mieux à même de recueillir tous les renseignements propres à faire apprécier la gravité de cette faute, et de rendre un compte exact et circonstancié de l'affaire.

Ce droit est d'ailleurs implicitement établi par l'article 95 du Code de justice militaire, relatif à la désertion, et qui est ainsi conçu :

« La plainte est adressée par le chef du corps ou du détachement auquel le déserteur appartient. »

Toutefois, s'il est régulier que le chef de détachement dénonce lui-même à l'autorité militaire supérieure les différents crimes ou délits qui peuvent être commis par les militaires placés sous ses ordres, il n'en est pas moins de son devoir d'en rendre compte immédiatement à son chef de corps, lequel ne doit rien ignorer de ce qui se passe dans le régiment dont il a le commandement.

La plainte ne peut être adressée qu'au général commandant la subdivision où le fait a été commis, et cet officier général, alors même qu'il ne la trouverait pas fondée, doit se borner à la transmettre au général commandant la division, en y joignant, avec son avis personnel, les observations qu'il lui paraîtrait à propode faire. L'autorité divisionnaire y trouvera des éléments précieux pour décider en dernier ressort s'il convient d'ordonner ou de refuser l'information conformément à l'article 99 du Code de justice militaire.

Je vous prie de vouloir bien donner des instructions dans ce sens et de m'accuser réception de la présente circulaire.

Général Le Bœuf.

Circulaire relative à l'application des dispositions de l'article 463 du Code pénal.

Versailles, le 16 novembre 1873.

Mon cher Général, un décret du 27 novembre 1870, rendu par la Délégation de Tours, a abrogé les trois derniers paragraphes de l'article 463 du Code pénal et rétabli les anciennes dispositions de cet article sous l'empire de la loi de 1810.

Ce décret est ainsi conçu :

« Dans tous les cas où la peine de l'emprisonnement et celle de l'amende sont prononcées par le Code pénal si les circonstances paraissent atténuantes, les tribunaux correctionnels sont autorisés, même en cas de récidive, à réduire l'emprisonnement même au-dessous de six jours et l'amende même au-dessous de seize francs; ils pourront aussi prononcer séparément l'une ou l'autre de ces peines et même substituer l'amende à l'emprisonnement sans qu'en aucun cas elle puisse être au-dessous des peines de simple police. »

La vérification des jugements rendus par les tribunaux militaires a donné lieu de remarquer que certains conseils de guerre, lorsqu'ils ont à faire application de l'article 463, se conforment au décret précité du 27 novembre 1870, tandis que les autres continuent à viser les dispositions de la loi du 13 mai 1863.

M. le garde des sceaux, que j'ai consulté à ce sujet, m'a fait connaître que, d'après la décision de la commission de l'Assemblée nationale chargée d'examiner les décrets du gouvernement de la Défense nationale, le décret dont il s'agit doit être considéré comme étant en pleine vigueur.

Je vous prie de porter le contenu de la présente dépêche à la connaissance des parquets militaires de votre division, afin d'assurer l'application uniforme de la loi.

Général du Barail.

Circulaire portant que les pourvois en cassation formés par les militaires doivent toujours être transmis (1).

Paris, le 6 juin 1876.

Mon cher Général, M. le Président du conseil, Ministre de la justice, vient de me transmettre une réclamation adressée par le sieur X..., condamné le....., par le conseil de guerre séant à....., à trois ans de prison pour attentat à la pudeur, jugement confirmé en revision. Dans cette supplique, le sieur X... expose qu'il avait formé un pourvoi en cassation pour incompétence, mais que M. le commissaire du gouvernement aurait refusé de le faire parvenir à la Cour suprême en se fondant sur les dispositions de l'article 80 du Code de justice militaire, qui dispose que les militaires ne peuvent en aucun cas se pourvoir en cassation.

---

(1) Voir circulaire du 27 juin 1900.

J'ai l'honneur de vous rappeler que, si cette voie de recours est effectivement interdite aux militaires, en dehors du cas d'incompétence prévu par l'article 81 dudit Code, la Cour de cassation s'est déclarée seule compétente par un arrêt du 4 août 1859, qui a été notifié, le 28 du même mois, aux autorités militaires, pour statuer souverainement sur la recevabilité des pourvois, alors même qu'ils auraient été indûment formés.

Circulaire relative à l'audition des témoins dans les poursuites relatives à la désertion et à l'insoumission.

Paris, le 14 octobre 1880.

Mon cher Général, des jugements des conseils de guerre rendus contre des déserteurs et des insoumis ont été annulés par les conseils de revision pour le motif qu'il n'avait pas été entendu de témoins, ni dans l'instruction, ni aux débats.

Un arrêt de la Cour de cassation du 2 août 1872 a, en effet, établi en principe que « le débat oral est une formalité substantielle aussi bien devant un conseil de guerre que devant la cour d'assises; qu'en conséquence est nul le jugement de condamnation rendu par un conseil de guerre sur la simple lecture d'une déclaration recueillie dans l'instruction. »

Cependant, il m'a été représenté que la désertion et l'insoumission sont des actes matériellement établis par des pièces administratives; qu'en pareil cas, la citation de témoins ne peut être utile qu'au point de vue d'une constatation d'identité de l'inculpé, constatation difficile lorsqu'il s'agit, par exemple, d'un déserteur arrêté après une longue absence, alors que les militaires qui l'ont connu sont rentrés dans leurs foyers; qu'enfin la difficulté est la même pour les insoumis qui sont jugés par le conseil de guerre du lieu d'arrestation et non par celui du lieu de tirage au sort.

J'ai cru devoir soumettre ces observations à l'appréciation de M. le Garde des sceaux et lui demander si la jurisprudence visée plus haut devait être appliquée d'une manière absolue, même en matière de désertion et d'insoumission.

D'après l'avis de mon collègue, il y a une distinction à établir, au point de vue dont il s'agit, entre les affaires criminelles et les affaires correctionnelles.

Dans les premières, la nécessité de ne statuer que sur audition de témoins doit être considérée comme absolue, un conseil de guerre ne pouvant, sur la seule lecture des pièces de l'instruction écrite et sans entendre aucun témoin, procéder légalement au jugement d'un accusé. Devant les juges militaires comme devant la cour d'assises, l'instruction orale en matière criminelle est une formalité substantielle, et c'est en vue de ce cas spécial qu'a été rendu l'arrêt précité du 2 août 1872.

En matière correctionnelle, où, sauf les exceptions formulées par la loi, les conseils de guerre peuvent être assimilés aux tribunaux de droit commun, la procédure est autrement réglée. Aux termes de l'article 189 du Code d'instruction criminelle, la preuve des délits correctionnels se fait de la manière prescrite aux articles 154, 155 et 156 concernant les contraventions de police, et l'article 154 dit que les contraventions sont prouvées soit par procès-verbaux ou rapports, soit par témoins à défaut de procès-verbaux et rapports, ou à leur appui.

Suivant ces dispositions, le débat oral devant les juridictions de simple police ou correctionnelles prend donc, du moins en ce qui concerne l'audition des témoins, un caractère facultatif, et la preuve des contraventions ou délits peut n'être faite, au besoin, que par des procès-verbaux ou rapports.

Quoi qu'il en soit, M. le Ministre de la justice pense que le recours au témoignage verbal est plus conforme à l'esprit de notre droit pénal et qu'il serait bon de ne passer outre et de ne juger sur constatations écrites, même en matière de désertion ou d'insoumission, qu'en cas d'impossibilité de faire entendre des témoins.

Je vous prie de vouloir bien donner des instructions pour qu'on se conforme, à l'avenir, à cette jurisprudence.

Général Farre.

Instructions sur la procédure.

Paris, le 9 décembre 1880.

Mon cher Général, le décret du 18 mai 1880, en étendant le ressort des conseils de revision de Paris et d'Alger, a eu surtout pour but de donner plus d'autorité aux décisions de ces juridictions supérieures des tribunaux militaires et d'assurer l'uniformité de la jurisprudence.

Afin de prévenir, autant que possible, les irrégularités qui donnent lieu, le plus souvent, à l'annulation des jugements rendus par les conseils de guerre, je crois utile de vous rappeler que l'ordre d'informer, qui, aux termes de l'article 99 du Code de justice militaire, constitue le point de départ de la procédure, doit toujours mentionner exactement et successivement les faits de nature à motiver les poursuites.

C'est seulement sur les faits délictueux indiqués dans l'ordre d'informer que le rapporteur doit diriger son instruction, et, lorsque, au cours de ladite instruction, des charges nouvelles viennent à se produire contre l'inculpé, il y a, pour ce magistrat militaire, obligation, à peine de nullité, de provoquer un supplément d'ordre d'informer.

Lorsque l'instruction est terminée, le magistrat instructeur, dans son rapport, et le commissaire du gouvernement, dans ses conclusions, sont tenus de préciser les crimes ou les délits pour lesquels la mise en jugement est demandée, avec toutes les circonstances constitutives ou aggravantes du fait principal et la citation des articles de la loi pénale applicables.

Si des faits de même nature ont été commis à diverses dates au préjudice de personnes différentes, il est indispensable de relever ces chefs d'accusation d'une manière distincte et précise.

L'ordre de mise en jugement prescrit par l'article 109 dudit Code devant être formulé d'après ces conclusions, il devient alors facile au président du conseil de guerre de poser aux juges les questions de culpabilité qu'ils auront à résoudre, en évitant soit le vice de complexité, c'est-à-dire la réunion de plusieurs questions en une seule, soit l'erreur grave de faire statuer le conseil sur des faits qui ne lui ont pas été nettement déférés et au sujet desquels l'accusé n'aurait pas été à même de préparer ses moyens de défense.

Toutefois, il est admis par la jurisprudence que le président peut poser, soit d'office, soit à la demande du défenseur ou du commissaire du gouvernement, les questions subsidiaires résultant des débats et seulement par suite de la dégénérescence du fait principal; mais, lorsque ce cas se produit, le président doit faire connaître son intention, en séance publique, avant la clôture des débats, afin de mettre le ministère public, l'accusé et la défense à même de présenter, en temps utile, leurs observations.

Une question subsidiaire ne peut jamais être substituée à celle résultant de l'ordre de mise en jugement. Elle doit être ajoutée et posée séparément.

Ces recommandations, que je me borne à résumer, sont d'ailleurs développées dans les commentaires de MM. Victor Foucher, Pradier-Fodéré, Amédée Le Faure, Vexiau, etc., qui ont été mis à la disposition des parquets militaires.

En matière de désertion et d'insoumission, la diversité des circonstances constitutives de ces délits pouvant devenir une cause d'erreur, il est de toute nécessité de les spécifier dans l'ordre de mise en jugement, de même que dans les questions à poser aux juges, au lieu de se contenter, comme cela se produit souvent, de donner simplement au fait délictueux sa définition légale.

Je vous adresse, à cet effet, une série de formules qui pourront servir de règle à l'avenir.

Enfin, comme il est nécessaire que les accusés connaissent

exactement, avant de comparaître devant le conseil de guerre, les crimes ou délits qui leur sont reprochés, la notification prescrite par l'article 109 du Code de justice militaire doit consister dans la remise d'une copie textuelle de l'ordre de mise en jugement et de la liste des témoins que le commissaire du gouvernement se propose de citer. Lorsque plusieurs individus sont accusés dans une même affaire, ladite copie doit être délivrée à chacun d'eux séparément.

Je vous prie de donner connaissance de la présente circulaire à MM. les présidents des conseils de guerre et aux membres des parquets militaires.

Général FARRE.

Circulaire portant qu'en Algérie les avoués peuvent remplir le rôle de défenseur devant les conseils de guerre.

Paris, le 6 mai 1882.

Mon cher Général, j'ai reçu la lettre que vous m'avez fait l'honneur de m'écrire au sujet de l'application aux conseils de guerre du décret du 27 décembre précédent qui a édicté, pour l'avenir, la nomination d'avoués en Algérie, au lieu et place des défenseurs.

M. le Garde des sceaux, que j'ai cru devoir consulter à ce sujet, vient de me répondre de la manière suivante :

« Aux termes de l'article 18 de l'arrêté ministériel du 26 novembre 1841, toutes les fois qu'ils auront été désignés d'office par le juge pour défendre les accusés ou prévenus devant les tribunaux correctionnels ou criminels ou devant les conseils de guerre, les défenseurs ne pourront refuser leur ministère sans avoir fait agréer leur excuse.

« A la place des défenseurs, le décret du 27 décembre 1881, a institué pour l'avenir, en Algérie, des avoués comme en France. Ces derniers sont-ils soumis à l'obligation susdite?

« J'estime, comme vous, que cette question doit être résolue affirmativement, mais sous la réserve d'une distinction rendue nécessaire par l'état transitoire qui résulte du décret du 27 décembre.

« Les défenseurs en exercice étant en effet maintenant dans leur situation acquise, rien, en ce qui les concerne, n'est changé à l'ancien état de choses, et l'article précité continue de leur être applicable.

« Quant aux avoués nommés ou à nommer, ou ils exerceront près un tribunal pourvu d'un collège d'avocats et ces avoués n'ayant pas alors le droit de plaider, ne seront pas soumis à l'obligation dont il s'agit, ou faute d'un collège d'avocats, l'exercice de la plaidoirie leur sera délégué avec ses bénéfices et en même temps avec ses charges, c'est-à-dire que, désignés d'office, pour plaider devant les conseils de guerre, ils ne pourront refuser leur ministère sans avoir fait agréer leur excuse. »

Je vous prie de porter le contenu de la présente dépêche à la connaissance des parquets militaires des conseils de guerre de votre corps d'armée ainsi que du conseil de revision d'Alger et de m'en accuser réception.

Circulaire portant que le lieutenant-colonel remplaçant le chef de corps peut déléguer ses pouvoirs judiciaires.

Paris, le 14 novembre 1882 (1).

Mon cher Général, j'ai reçu la lettre par laquelle vous m'avez consulté sur la question de savoir si un lieutenant-colonel, commandant provisoirement un régiment, peut déléguer à un des officiers sous ses ordres les pouvoirs qui sont donnés au chef de corps par l'article 85 du Code de justice militaire modifié par la loi du 18 mai 1875, à l'effet de constater les crimes et les délits.

Il est incontestable qu'en l'absence du colonel d'un régiment, l'action de la police judiciaire ne peut être interrompue. Les fonctions multiples dont un lieutenant-colonel est investi, en pareille circonstance, en font un véritable chef de corps et, dès lors, la question de délégation dont il s'agit doit être résolue par l'affirmative.

Cette lettre abroge les dispositions contenues dans ma lettre du 9 novembre 1881, par laquelle je faisais connaître que les chefs de corps titulaires seuls avaient le droit de déléguer leurs pouvoirs d'officiers de police judiciaire.

Général Billot.

Circulaire portant que la lecture à l'audience de la déposition d'un témoin absent est obligatoire.

Paris, le 25 juillet 1883.

Mon cher Général, j'ai reçu la lettre de M. le général commandant la division..... que vous m'avez fait l'honneur de me

---

(1) Voir circulaire du 26 septembre 1887.

transmettre, et qui a pour objet d'appeler mon attention sur une décision d'annulation rendue par le conseil de revision dans l'affaire du nommé X..., condamné, par le conseil de guerre séant à....., à cinq ans de prison et à 100 francs d'amende (cette dernière peine remplacée par un emprisonnement de six mois) pour faux et usage de faux en écriture privée.

Cette décision est basée sur ce que, contrairement aux termes formels de l'article 126 du Code de justice militaire, il n'a pas été donné lecture au conseil de guerre de la déposition d'un témoin absent.

On objecte que la lecture dont il s'agit n'est pas prescrite à peine de nullité, et l'on en conclut que le conseil de revision a excédé les pouvoirs qui lui sont dévolus par l'article 74 du Code de justice militaire.

Il y a lieu de remarquer qu'en dehors des cinq cas d'annulation déterminés par l'article 74 précité, il en est d'autres qui, intéressant essentiellement les droits de la défense et étant d'ailleurs consacrés par la jurisprudence de la Cour de cassation, doivent être relevés par les conseils de revision.

Or, un arrêt de la Cour suprême, en date du 2 août 1872, a expressément déclaré que l'audition et la discussion publiques des témoignages sont une des règles fondamentales de la procédure criminelle et que l'article 128 du Code de justice militaire, en se référant aux articles du Code d'instruction criminelle qui ont tracé les règles du débat oral, a rendu communes à la juridiction militaire les formes obligatoires pour les juridictions ordinaires.

Il appartient sans doute aux tribunaux militaires de renoncer, avec l'assentiment de l'accusation et de la défense, à l'audition d'un témoin absent, bien qu'ayant été régulièrement cité; mais, dans ce cas, sa déposition doit être lue. C'est une prescription impérative de l'article 126 du Code de justice militaire. (Voir le commentaire V. Fouché, § 733 et 737.)

En omettant de se conformer à cette disposition, le conseil de guerre a fourni à la défense un moyen légitime de recours en revision et la décision intervenue est parfaitement correcte.

Circulaire prescrivant que les militaires inculpés de complicité avec des civils doivent être remis immédiatement à l'autorité judiciaire civile.

Paris, le 5 juillet 1884.

Mon cher Général, vous m'avez fait l'honneur de me consulter sur la question de savoir si, dans une affaire où sont impliqués des militaires et des civils, la culpabilité des complices civils doit être établie avant de remettre les militaires à la disposition de l'autorité judiciaire ou bien si une simple présomption de culpabilité doit suffire.

La remise à l'autorité judiciaire civile des militaires inculpés de complicité avec des civils semble résulter des termes mêmes de l'article 76 du Code de justice militaire, qui n'établit pas de distinction entre les différentes phases de l'instruction et de la poursuite.

Néanmoins, en raison des divergences d'opinion qui se sont produites, j'ai cru devoir demander à M. le Garde des sceaux de me faire connaître son appréciation.

Il résulte de sa réponse que, dans l'espèce, le militaire doit être remis immédiatement à l'autorité judiciaire civile, afin de n'entraver en rien l'instruction dont elle est chargée et d'arriver, le plus promptement possible, à la découverte de la vérité. Ce n'est que lorsque l'autorité civile est dessaisie par une ordonnance de non-lieu ou un jugement que l'autorité militaire reprend ses pouvoirs, soit pour faire rentrer au corps l'inculpé en faveur duquel une ordonnance de non-lieu ou un jugement d'acquittement ont été rendus, soit pour faire exécuter la peine prononcée.

Général CAMPENON.

Circulaire portant qu'il est possible d'ouvrir la correspondance saisie en l'absence d'un contumax.

Paris, le 27 décembre 1884.

Mon cher Général, à l'occasion d'une affaire concernant le nommé X..., poursuivi pour émission de faux mandats dont il touchait le montant au Trésor, vous m'avez fait l'honneur de me consulter sur la question de savoir s'il est possible d'ouvrir la correspondance saisie en l'absence du contumax.

M. le Garde des sceaux, à qui j'ai cru devoir écrire à ce sujet, vient de me répondre que la question comporte une solution affirmative par les raisons suivantes :

« Il est de principe de prescrire que les lettres et papiers appartenant à un prévenu et présumés contenir des indications utiles à la découverte des crimes ou délits dont la répression est poursuivie peuvent régulièrement être saisis dans les bureaux de poste.

« Il en résulte que ce droit ne saurait être subordonné au consentement ou à la présence du prévenu.

« L'application de cette règle s'impose d'autant plus, dans l'espèce, qu'il s'agit d'un contumax dont l'état ne doit, aux termes de l'article 474 du Code d'instruction criminelle, auquel renvoie l'article 178 du Code de justice militaire, ni suspendre ni retarder l'instruction à l'égard de ses coaccusés. »

Circulaire relative à l'étendue du droit de délégation des pouvoirs d'officiers de police judiciaire.

Paris, le 26 septembre 1887.

Mon cher Général, vous m'avez fait l'honneur de me consulter sur la question suivante :

« Lorsque le chef de corps est lui-même capitaine, tel, par exemple, qu'un commandant de compagnie de discipline, d'un pénitencier, d'un atelier de travaux publics, corps ou établissements qui fournissent de nombreux détachements, ce capitaine-commandant peut-il déléguer ses pouvoirs à un lieutenant ou à un sous-lieutenant? »

. . . .

Si le corps ou l'établissement assimilé est commandé par un simple capitaine, rien ne s'oppose légalement à ce que ce dernier puisse déléguer ses pouvoirs d'officier de police judiciaire à un lieutenant ou même à un sous-lieutenant.

En effet, en édictant, dans le 2e paragraphe de l'article 85 du Code de justice militaire, que « les chefs de corps peuvent déléguer les pouvoirs qui leur sont donnés par le précédent paragraphe à l'un des officiers sous leurs ordres », le législateur de 1875 n'a subordonné l'exercice de cette faculté à aucune condition hiérarchique.

Circulaire relative au mode de transmission des plaintes en conseil de guerre contre les infirmiers militaires.

Paris, le 21 janvier 1890.

Par suite de la loi du 1er juillet 1889, qui a complété l'autonomie du service de santé militaire, les dispositions de la note ministérielle du 3 juillet 1884 sont abrogées et remplacées par les suivantes :

Les plaintes en conseil de guerre contre les infirmiers militaires établies par l'officier d'administration commandant la section ou le détachementd' infirmiers auquel appartient l'inculpé doivent être, dorénavant, adressées au médecin-chef de l'hôpital dont relève la section ou le détachement.

Le médecin-chef transmet ensuite la plainte, par la voie hiérarchique, à l'autorité militaire supérieure chargée de statuer, en vertu des articles 99 et 108 du Code de justice militaire.

Lorsqu'un fait délictueux a été commis dans l'intérieur de l'établissement, la plainte peut être dressée sur l'ordre du médecin-chef, qui a les pouvoirs nécessaires pour faire constater les crimes et les délits, suivant les prescriptions de l'article 85 du Code de justice militaire.

Circulaire relative aux mandats de dépôt à délivrer contre les militaires en état d'arrestation.

Paris, le 29 juillet 1899.

Mon cher Général, aux termes de l'article 105 du Code de justice militaire, les rapporteurs près les conseils de guerre sont autorisés à convertir en mandat de dépôt le mandat de comparution ou d'amener décerné par ces magistrats militaires à l'égard du prévenu non encore arrêté qu'ils ont interrogé.

Des doutes se sont élevés sur les dispositions à prendre vis-à-vis des militaires dont l'arrestation a été opérée en dehors de tout mandat de justice, soit sur l'ordre de leurs chefs, par mesure de sûreté ou de discipline, soit en cas de flagrant délit.

Il est à remarquer que, le cas échéant, l'arrestation n'a, comme le fait justement remarquer V. Foucher dans son *Commentaire* (n° 537), qu'un caractère administratif, et que la détention ne peut plus juridiquement se continuer, une fois le militaire mis à la disposition de l'autorité judiciaire, qu'en vertu d'un mandat de dépôt.

La circonstance que le prévenu est déjà en état d'arrestation ne dispense pas de cette formalité, ainsi que cela ressort expressément de l'article 97 (2e alinéa) du Code d'instruction criminelle.

Je vous prie, mon cher Général, de vouloir bien rappeler ces dispositions aux officiers du parquet de votre région.

Général GALLIFFET.

Circulaire portant que les navires de commerce étrangers ne jouissent pas du privilège de l'exterritorialité.

Paris, le 29 juillet 1899.

Des doutes se sont élevés sur la question de savoir si l'arrestation d'un déserteur de l'armée de terre opérée à bord d'un navire de commerce étranger mouillé dans les eaux françaises était légale.

M. le Garde des sceaux, consulté à cet égard, a fait connaître que, d'après une règle de droit international public reconnue par la très grande majorité des nations et consacrée par la jurisprudence française, les navires de commerce étrangers ne jouissent pas du privilège de l'exterritorialité; en conséquence, les personnes qui se trouvent à bord de ces navires sont justiciables, dans les termes d'un avis du Conseil d'Etat du 20 novembre 1806, des tribunaux du pays dans les eaux territoriales duquel ils sont mouillés (voir Bernard, *Traité de l'extradition*, tome II, pages 180 et suivantes), et les autorités peuvent instrumenter sur le navire de commerce étranger et y procéder à l'arrestation des délinquants qui relèvent de leur juridiction. (Voir Cassation, arrêt du 25 février 1859.)

C'est donc cette solution qui doit être adoptée.

Afin, toutefois, d'éviter toute difficulté diplomatique, il sera indispensable de donner avis, au consul intéressé, des arrestations, visites et perquisitions faites à bord d'un navire de commerce étranger (1).

Général GALLIFFET.

Circulaire indiquant le mode d'envoi à la Cour de cassation des pourvois formés contre les jugements rendus par les conseils de guerre, ainsi que des requêtes en règlement de juges.

Paris, le 27 juin 1900.

Mon cher Général, la loi du 19 avril 1900, modifiant les articles 423, 424, 439 et 532 du Code d'instruction criminelle, prescrit que les pourvois en cassation et les demandes en règlement de juges seront, à l'avenir, transmis directement à

(1) Le conseil de revision d'Alger a, par arrêt du 5 juillet 1900, décidé que les navires de commerce étrangers ne jouissent pas du privilège de l'exterritorialité dans les eaux de Tunisie.

la Cour de cassation et renvoyés par le parquet général de cette Cour sans qu'il y ait lieu de recourir à l'intermédiaire du Ministre de la justice.

L'application de cette loi modifie nécessairement le mode d'envoi à la Cour de cassation des procédures dans lesquelles il y aura pourvoi contre un jugement ou arrêt émanant d'une juridiction militaire ou requête en règlement de juges.

J'ai, en conséquence, décidé, d'accord avec M. le Garde des sceaux, que l'envoi des procédures dont il s'agit sera, dorénavant, effectué directement sans qu'il y ait lieu, soit pour les parquets militaires, soit pour le parquet général de la Cour de cassation, de transmettre les dossiers à mon département.

M. le Ministre de la justice a, toutefois, invité M. le Procureur général près ladite Cour à renvoyer à mon département les dossiers dans lesquels il y aura rejet du pourvoi contre une condamnation à mort prononcée par un conseil de guerre.

Dans le cas de condamnation à mort suivie de pourvoi, je vous prie, en me rendant compte de la sentence prononcée, de m'adresser, avec une expédition complète du jugement, le rapport du commissaire du gouvernement et votre avis relatif à l'éventualité d'une mesure gracieuse.

Enfin, les parquets militaires devront toujours transmettre à mon département, sous le timbre de la Direction du Contentieux et de la Justice militaire, Bureau de la Justice militaire, une expédition de chacun des arrêts rendus en matière de règlement de juges.

Général L. André.

Circulaire notifiant les dispositions prises par le Ministre de la justice pour la notification aux militaires présents sous les drapeaux de citations à comparaître délivrées à la requête des magistrats ou des mandats de comparution ou d'arrestation ainsi qu'aux réquisitions des magistrats tendant à obtenir l'entrée des établissements militaires.

Paris, le 25 janvier 1901.

Circulaire à MM. les Procureurs généraux, Procureurs de la République et Juges d'instruction.

(Militaires. — Citations à comparaître. — Exécution des mandats. — Entrée dans les établissements militaires.)

Certaines difficultés se sont produites en ce qui concerne la notification aux hommes présents sous les drapeaux de citations délivrées à la requête des magistrats ou de mandats de comparution et d'arrestation.

Pour en prévenir le retour, j'ai arrêté, de concert avec M. le Ministre de la guerre et M. le Ministre de la marine, les mesures suivantes, qui sont destinées à remplacer les prescriptions des circulaires de ma chancellerie des 15 septembre 1820, 6 décembre 1840, paragraphe 4, et 8 août 1888.

Les citations à témoin ou à prévenu, ainsi que les mandats de comparution et d'arrestation concernant des militaires présents sous les drapeaux seront notifiés dans la forme ordinaire. Mais le chef du parquet devra, vingt-quatre heures au moins avant la notification, sauf dans le cas où, en raison de l'extrême urgence, il serait nécessaire d'abréger ce délai, en informer le chef du corps auquel appartient le militaire susvisé.

Les ordres nécessaires seront immédiatement donnés en vue d'assurer l'exécution des mandats et citations.

Les réquisitions des magistrats tendant à obtenir l'entrée des établissements militaires à l'effet d'y constater un crime ou un délit de la compétence des juridictions ordinaires, seront adressées au commandant de l'établissement, dont l'entrée est requise.

L'insertion de la présente circulaire au *Bulletin* de la chancellerie tiendra lieu de notification.

Le Garde des sceaux, Ministre de la justice,
MONIS.

Par le Garde des sceaux, Ministre de la justice,
Le Directeur des affaires criminelles et des grâces,
PETITIER.

Circulaire interprétative de la loi du 19 juillet 1901, en ce qui concerne l'application des articles 213, paragraphe final ; 225, paragraphe final ; 232, paragraphes 2 et suivants ; 236, paragraphes 3 et suivants ; 241, paragraphe final et 243 du Code de justice militaire.

Paris, le 27 novembre 1901.

D'après l'article 243 du Code de justice militaire du 9 juin 1857, « si un militaire reconnu coupable de désertion est condamné, par le même jugement, pour un fait entraînant une peine plus grave, cette peine ne peut être réduite par l'admission de circonstances atténuantes. »

D'autre part, aux termes de l'article 1er de la loi du 19 juillet 1901, tous les tribunaux militaires, tant de l'armée de terre que de l'armée de mer, pourront à l'avenir, en temps de paix et même en temps de guerre, admettre des circonstances atténuantes à tous les crimes et délits réprimés tant par les Codes de justice militaire de l'armée de terre et de l'armée de mer, que par les autres dispositions pénales, lorsque ces dernières prévoient l'admission de circonstances atténuantes (1).

De plus, l'article final de la même loi dispose que « sont abrogées dans les codes de justice militaire et les lois des 15 juillet 1889 et 24 décembre 1896, toutes les dispositions contraires à celles de la présente loi ».

Par suite, la question s'est posée de savoir si la loi du 19 juillet 1901 permet maintenant, en temps de paix, dans le cas que vise l'article 243 du Code de justice militaire, d'appliquer les circonstances atténuantes au délit concomitant ainsi qu'à celui de désertion.

Conformément à l'avis émis à l'unanimité par le comité du contentieux et de la justice militaire, le Ministre décide que cette question doit être résolue par l'affirmative. Toutefois, l'effet de la loi du 19 juillet 1901 est limité au temps de paix, et, par suite, l'article 243 reste applicable en dehors de l'état de paix.

Il doit être entendu également que les circonstances atténuantes seront désormais applicables, en temps de paix, dans le cas où le Code de justice militaire prescrit que le maximum de la peine doit être prononcé, ou que la peine ne peut pas avoir une durée inférieure à un chiffre déterminé (§ final de l'article 213; § final de l'article 225; §§ 2 et suivants de l'article 232; §§ 3 et suivants de l'article 236; § final de l'article 241.)

Général L. ANDRÉ.

Circulaire relative au rôle des témoins devant les tribunaux militaires.

Paris, le 30 janvier 1905.

Il arrive trop fréquemment que, devant les conseils de guerre, les témoins se font une conception erronée du rôle que leur assigne la loi et que la formule du serment : « Je jure de dire toute la vérité, *rien que la vérité* », définit cependant dans les termes les plus précis.

---

(1) Modifiée par la loi du 27 avril 1916.

Les témoins ont l'obligation de déposer *sur les faits positifs à leur connaissance personnelle.* Dans l'accomplissement de cette mission, la liberté de leur parole n'est soumise à aucune restriction, quels que soient les faits révélés, quelles que soient les personnes qu'atteint cette révélation. Mais ils sortent de leur rôle « s'ils entrent dans l'appréciation des faits » (Nouguier, cour d'assises, n° 2267 et suivants et arrêts cités, répertoire Dalloz, témoins, n°s 29 et 30); ils en sortent *a fortiori* s'ils se livrent à des considérations générales, qui ne sont que l'expression d'une opinion personnelle, d'où la passion, si contraire à l'idée de justice, ne peut être malheureusement toujours bannie, et d'autant plus dangereuse que le témoin sera plus élevé en grade, car il risquera de troubler la conscience des juges et de gêner leur libre arbitre.

On ne doit pas perdre de vue que l'immunité dont jouissent les témoins ne s'attache qu'à leur témoignage proprement dit, et je n'hésiterai pas à demander compte à ceux qui s'écarteraient de la réserve absolue dont tout militaire, au prétoire comme ailleurs, doit faire sa règle de conduite.

Il appartient d'ailleurs au président d'assurer et au commissaire du gouvernement de réclamer l'application de la loi; et si délicate que puisse être parfois cette mission, il est de leur devoir de l'accomplir avec fermeté en toutes circonstances.

Maurice BERTEAUX.

Notification d'une circulaire du Ministre de la justice, relative à l'interdiction de lire à l'audience les bulletins n° 2 des accusés ou prévenus.

Paris, le 31 décembre 1906.

Par une circulaire en date du 27 décembre 1906 reproduite ci-après, M. le Garde des sceaux a interdit la lecture à l'audience des bulletins n° 2 des accusés ou prévenus.

Les parquets militaires et les présidents des conseils de guerre devront, à l'avenir, se conformer aux prescriptions contenues dans cette circulaire.

Paris, le 27 décembre 1906.

« La lecture, à l'audience, des bulletins n° 2 joints aux procédures, peut, dans certains cas, avoir pour les accusés ou les prévenus les conséquences les plus regrettables et constituer même une aggravation de peine, quand elle a pour effet de divulguer au public d'anciennes condamnations effacées par la réhabilitation.

« C'est au cours des enquêtes et informations que les magistrats du parquet et les juges d'instruction doivent interpeller les inculpés sur les condamnations portées au bulletin : ils s'assurent ainsi de l'exactitude des mentions qui figurent sur ce document et cette vérification est indispensable pour permettre de faire opérer, le cas échéant, certaines rectifications.

« Mais il est contraire à l'esprit de la loi du 5 août 1899 de divulguer à des tiers les antécédents des condamnés. En conséquence, le ministère public devra désormais s'abstenir de révéler à l'audience les condamnations mentionnées au casier judiciaire, lequel doit toujours conserver son caractère de document secret destiné à éclairer seulement les magistrats et le jury dans le jugement des affaires qui leur sont soumises.

« Le juge d'instruction devra également éviter de faire une semblable révélation au cours des confrontations.

« Il ne sera fait exception à cette règle qu'en ce qui concerne l'application possible de certaines dispositions légales, telle que la récidive ou la relégation, la cour ou le tribunal devant nécessairement, dans ce cas, faire état dans sa décision des condamnations antérieurement prononcées.

« Je vous prie de vouloir bien prendre les mesures nécessaires pour que ces prescriptions soient à l'avenir strictement observées par le ministère public et les magistrats instructeurs.

« J'ajoute qu'il me paraît très désirable que les présidents des cours et des tribunaux observent également cette règle en s'inspirant de la même pensée. A l'audience correctionnelle, le président peut toujours éviter d'interpeller le prévenu sans nécessité sur ses antécédents; devant la cour d'assises, le président pourrait sans inconvénient se borner à faire passer le bulletin n° 2 sous les yeux de la cour et du jury, après l'avoir fait représenter à l'accusé et à son défenseur.

« Je désire que M. le premier Président fasse part de cette observation aux magistrats du siège.

« Je vous prie de vouloir bien m'accuser réception de la présente circulaire.

« *Le Sous-Secrétaire d'Etat*,

« Henry CHÉRON. »

Circulaire prescrivant l'envoi au Ministre d'une copie des arrêts rendus par la Cour de cassation sur les recours formés contre les jugements des conseils de guerre siégeant à l'intérieur du territoire, en Algérie et en Tunisie.

Paris, le 29 octobre 1907.

Aux termes du dernier paragraphe de la circulaire du 27 juin 1900 (voir page 67), les parquets militaires doivent transmettre au Ministre une expédition de chacun des arrêts rendus par la Cour de cassation, en matière de règlement de juges.

Mais, depuis la circulaire précitée, est intervenue la loi de finances du 17 avril 1906 dont l'article 44 a élargi la compétence de la Cour de cassation.

C'est, en effet, cette haute juridiction qui prononce maintenant, au lieu et place des conseils de revision, sur les recours formés en temps de paix contre tous les jugements des conseils de guerre siégeant à l'intérieur du territoire, en Algérie et en Tunisie.

Comme il est du plus grand intérêt que les arrêts de la Cour suprême qui fixent la jurisprudence en matière de droit pénal militaire soient portés à la connaissance du Ministre, les commissaires du gouvernement auront dorénavant à adresser, sous le timbre de la Direction du Contentieux et de la Justice militaire, une copie des arrêts qui leur auront été notifiés par le procureur général près la Cour de cassation.

Toutefois, exception sera faite pour les arrêts qui, rendus sur des recours non motivés, ne contiendront eux-mêmes, en fait de motifs, que cette formule de style :

« Attendu que le conseil de guerre a été composé conformément à la loi, qu'il était compétent, que la procédure a été régulière, et que les faits déclarés constants justifient la peine prononcée. »

La transmission des copies devra être effectuée dans les quarante-huit heures de la notification des arrêts aux parquets militaires.

A titre transitoire et pour les arrêts dont les parquets auront reçu notification depuis la loi du 17 avril 1906 jusqu'à la réception de la présente circulaire, il est laissé un délai de quinzaine à partir de cette réception aux commissaires du gouvernement pour en envoyer copie.

Pour le Ministre :

Le Sous-Secrétaire d'Etat,

Henry CHÉRON.

Circulaire recommandant de faire procéder, dans certains cas, à l'examen mental des militaires en prévention de conseil de guerre.

Paris, le 16 novembre 1907.

L'attention du Ministre a été appelée, à l'occasion de récentes affaires, sur l'inconvénient grave qu'il peut y avoir à négliger de faire pratiquer, au moment de l'instruction, l'examen mental de certains militaires en prévention de conseil de guerre.

Il importe de ne pas perdre de vue que les juges des conseils de guerre doivent être mis à même d'apprécier toutes les circonstances qui excluent ou diminuent la culpabilité; dès lors, la médecine judiciaire doit être appelée, le cas échéant, à exprimer un avis technique sur le point de savoir s'il existe chez l'inculpé une altération des facultés mentales et quelle peut en être la conséquence au point de vue de la responsabilité pénale.

Il est, par suite, rappelé aux commissaires du gouvernement et rapporteurs qu'il leur appartient de faire procéder à l'examen mental du prévenu par des aliénistes, au cours de l'instruction préparatoire, quand ils éprouvent des doutes sur l'intégrité de ses facultés intellectuelles, soit à raison des circonstances mêmes dans lesquelles ont été accomplis les actes incriminés, soit à raison des antécédents personnels ou héréditaires du prévenu.

Pour le Ministre :

Le Sous-Secrétaire d'Etat,

Henry CHÉRON.

Circulaire relative au droit qu'ont les généraux commandant les corps d'armée de décerner des ordres d'informer supplémentaires lorsqu'ils constatent que l'information est incomplète *ou* irrégulière.

Paris, le 28 mars 1908.

La question s'est posée de savoir si, d'une manière générale, le général commandant la circonscription est obligé de prononcer sur la mise en jugement sur le vu du dossier à lui transmis par le commissaire du gouvernement, après clôture de l'instruction (article 108 du Code de justice militaire), alors même qu'il est amené à constater que l'information a été *incomplète* ou *irrégulière* et qu'elle comporte un vice de forme de nature à motiver, après jugement, un renvoi de l'affaire à la Cour de cassation.

Cette question doit être résolue par la négative, pour les motifs suivants :

En droit commun, la chambre des mises en accusation a pour devoir de vérifier si la procédure est *régulière.*

Par conséquent, elle doit rechercher notamment si toutes les formes prescrites à peine de nullité par la loi du 8 décembre 1897 sur l'instruction préalable ont été observées et, si elle découvre des irrégularités de nature à entraîner des nullités, elle annule les actes qu'affecte le vice de la procédure.

La chambre d'accusation peut, après avoir prononcé l'annulation des actes entachés de nullité, *ordonner que l'information sera recommencée,* à partir du plus ancien acte nul, par le juge qui avait procédé à l'instruction.

Or, d'une part, le général commandant la circonscription qui prononce sur la mise en jugement exerce, en matière de justice militaire, les pouvoirs de la chambre des mises en accusation, laquelle prononce le renvoi devant le tribunal compétent.

D'autre part, la loi du 15 avril 1899 a étendu à la procédure devant les conseils de guerre les dispositions de la loi du 8 décembre 1897.

Il en résulte que si le général commandant la circonscription constate que la procédure est irrégulière, il a qualité pour prononcer l'annulation des actes entachés de nullité par suite de l'inobservation des formes prescrites par la loi du 8 décembre 1897 et ordonner par *un ordre d'informer supplémentaire* que l'information sera commencée, à partir du plus ancien acte nul, par le rapporteur qui avait procédé à l'instruction.

Il y a lieu de remarquer que si aucun texte ne donne expressément cette compétence au général commandant la circonscription, il n'existe pas non plus de texte conférant explicitement à la chambre des mises en accusation les pouvoirs ci-dessus rappelés en ce qui concerne les nullités de procédure prévues par la loi du 8 décembre 1897.

Si la procédure est *incomplète*, aux termes de l'article 228 du Code d'instruction criminelle, la chambre des mises en accusation peut ordonner des informations nouvelles ; il en est de même du général commandant la circonscription qui exerce les mêmes pouvoirs que la chambre des mises en accusation.

Il est, d'ailleurs, évident que le général commandant la circonscription ne peut prendre une décision sur une information incomplète.

Le Sous-Secrétaire d'Etat au ministère de la guerre,

Henry Chéron.

Circulaire relative à la nécessité d'employer la procédure judiciaire à l'exclusion de toute mesure administrative ou disciplinaire, toutes les fois qu'un fait tombant sous l'application de la loi pénale a été commis par un militaire.

Paris, le 4 juillet 1910.

Il a été rendu compte au Ministre que dans un accident mortel occasionné par un cycliste militaire, le commandant de corps d'armée n'a intenté aucune poursuite judiciaire contre l'auteur de cet homicide sous le prétexte que le colonel commandant le régiment auquel appartenait ce cycliste n'avait pas cru devoir établir de plainte en conseil de guerre, eu égard aux circonstances dans lesquelles s'était produit l'accident

Il y a lieu, tout d'abord, de remarquer que la plainte du chef de corps n'est nullement nécessaire à la mise en mouvement de l'action publique par le général commandant le corps d'armée. Cet officier général, en effet, aux termes de l'article 99 du Code de justice militaire, peut donner *d'office* l'ordre d'informer, *sans plainte préalable*, dès qu'un fait délictueux ou criminel est parvenu à sa connaissance.

Dans l'espèce précitée, la seule mesure qui soit intervenue a été une action disciplinaire, ce qui ne saurait être admis en présence du fait commis par le cycliste et de la gravité des conséquences qui pouvaient en résulter au point de vue de l'action civile.

D'une manière générale, il y a, en matière de répression pénale, deux éléments essentiels dont il faut tenir compte : *le fait et l'agent.*

Lorsqu'il est constant qu'un fait tombant sous l'application de la loi pénale a été commis, tel qu'un vol, un refus d'obéissance, une voie de fait, un homicide, les droits et les devoirs du chef de corps sont expressément tracés par les articles 83 et 85 du Code de justice militaire : il doit faire personnellement ou requérir les officiers de police judiciaire de faire tous les actes nécessaires à l'effet de constater le crime ou le délit et d'en livrer les auteurs *à l'autorité chargée d'en poursuivre la répression* devant les tribunaux militaires, c'est-à-dire au commandant de corps d'armée.

Là se borne le rôle judiciaire du chef de corps.

La question de savoir si l'agent est en faute relativement au fait qui lui est reproché, en d'autres termes si le fait délictueux ou criminel lui est imputable et si, par suite, il doit être l'objet d'une poursuite judiciaire ou d'un refus d'informer ne peut être et ne doit être résolue que par le commandant de corps d'armée, autorité de laquelle tout procède et à qui tout vient aboutir en matière de justice militaire.

Les actes et procès-verbaux dressés par les officiers de police judiciaire, dispose l'article 97 du Code de justice militaire, sont transmis sans délai, avec les pièces et documents, au général commandant la circonscription. Cet article est impératif et le chef de corps n'a pas à apprécier si, d'après les résultats de l'enquête préliminaire, faite par la police judiciaire, cette transmission doit être ou non faite. En décidant que l'infraction ne sera punie que disciplinairement et qu'aucune poursuite judiciaire ne sera exercée contre celui qui en est l'auteur, il s'arroge un pouvoir d'ordre judiciaire que la loi ne lui a pas conféré.

Il est bien entendu qu'en transmettant le dossier, le chef de corps n'est pas tenu de dresser une plainte en conseil de guerre et qu'il peut conclure à une sanction purement disciplinaire ; mais c'est le général commandant le corps d'armée qui a *seul* le pouvoir (art. 99 du Code de justice militaire) d'apprécier, sur le vu du dossier et dans sa haute indépendance, si les faits comportent ou non une poursuite judiciaire.

Il est rappelé que, dans le cas de la négative, il doit en rendre compte au Ministre et motiver sa décision en faisant connaître si c'est faute de gravité, de précision des faits articulés, ou bien parce que ces faits ne constituent ni crime ni délit, ou bien parce qu'ils ne sont pas imputables à l'agent.

Enfin, il convient d'observer que si, en droit commun, la constitution de partie civile permet de vaincre l'inertie du ministère public et de le forcer à agir, il n'en est pas de même en droit pénal militaire, où cette procédure n'existe pas et où, par suite, l'action publique ne peut être mise en mouvement que par le commandant de corps d'armée.

En raison même de ce pouvoir exorbitant du droit commun conféré au général commandant un corps d'armée, il n'est pas douteux que, seule, la procédure judiciaire doit être appliquée à l'exclusion de toute mesure administrative ou disciplinaire, toutes les fois qu'un fait *tombant sous l'application de la loi pénale*, comme en l'espèce, a été commis par un justiciable des conseils de guerre.

Circulaire relative au mode de convocation des défenseurs devant les conseils de guerre.

Paris, le 6 mars 1918.

La circulaire du 27 juin 1917, n° 19817 2/10 (1), au sujet de l'instruction préalable devant les conseils de guerre, prescrit que la lettre missive destinée à convoquer le défenseur lui soit portée par un planton, lorsqu'il est domicilié dans la ville même où siège le conseil de guerre.

Cette mesure m'est signalée comme présentant des inconvénients et je vous prie de considérer comme abrogées les dispositions de la circulaire susvisée.

Il y aura lieu, à l'avenir, d'envoyer par pli recommandé au défenseur, quelle que soit sa résidence, les lettres missives qui doivent lui être adressées au cours d'une information, par application de la loi du 8 décembre 1897 et de la loi du 15 juin 1899, modifiée par celle du 27 avril 1916.

Edouard IGNACE.

Circulaire interdisant de rendre des ordonnances de « suspension ou de cessation de poursuites ».

Paris, le 4 août 1923.

Il a été constaté que des officiers généraux ou supérieurs investis du pouvoir judiciaire délivrent des « ordonnances de suspension ou de cessation de poursuites ».

Ces décisions, qui ne sont prévues ni par le Code de justice militaire, ni par le Code d'instruction criminelle, sont, par suite, dépourvues de valeur légale et doivent cesser d'être rendues.

---

(1) Circulaire abrogée.

Les « ordonnances de suspension de poursuites » sont inutiles.

Lorsque, pour une raison quelconque, l'instruction de l'affaire se trouve suspendue, le dossier doit toujours être conservé par le magistrat militaire chargé de l'information à qui il appartient de faire tous actes interruptifs de prescription nécessaires jusqu'à ce que la procédure soit en état d'être réglée par non-lieu ou par mise en jugement.

L'ordonnance de « cessation de poursuites » est contraire à la loi.

En effet, l'instruction doit se terminer soit par un ordre de mise en jugement, soit par une ordonnance de non-lieu (article 109 du Code de justice militaire).

Si l'action publique est éteinte par la mort du prévenu, par amnistie ou par prescription, l'autorité qui a délivré l'ordre d'informer rend une ordonnance constatant le fait qui motive la clôture de l'information en déclarant qu'il n'y a pas lieu de prononcer la mise en jugement.

Cette décision de justice est une ordonnance de non-lieu et non une ordonnance de « cessation de poursuites ».

Il conviendra, dans l'intérêt de la bonne administration de la justice, d'abandonner les errements suivis en ne clôturant, à l'avenir, les informations judiciaires que par une ordonnance de non-lieu ou un ordre de mise en jugement.

La suspension des poursuites ne devra être constatée par aucune mesure juridictionnelle.

Circulaire relative à l'instruction des recours en grâce des militaires condamnés à la peine de mort.

Paris, le 17 septembre 1923.

Les règles relatives à l'instruction des recours en grâce concernant les condamnés à la peine de mort, prescrites par la circulaire du 27 juin 1900, sont parfois méconnues.

Il y aura lieu de se conformer aux dispositions suivantes :

Le commissaire du gouvernement devra rendre compte, sans délai, de toute condamnation à la peine de mort.

Cet avis sera donné par lettre adressée à la 10e Direction; il n'y aura lieu d'envoyer un télégramme que lorsqu'il y aura des incidents à signaler d'urgence.

Dès que le délai de pourvoi en cassation sera expiré, le commissaire du gouvernement devra, sans retard, rédiger un rapport détaillé des faits ayant entraîné la condamnation, en insistant notamment sur la physionomie des débats de l'audience et donner son avis sur l'opportunité d'une mesure de clémence.

Il indiquera s'il y a pourvoi.

Ce rapport et une expédition du jugement seront transmis à la 10e Direction (Bureau de la Justice militaire), par la voie hiérarchique; les autorités émettant chacune leur avis motivé.

S'il y a pourvoi, le dossier sera ultérieurement renvoyé au ministère de la guerre par les soins du procureur général près la Cour de cassation.

S'il n'y a pas pourvoi, les pièces de la procédure devront être envoyées avec le rapport du commissaire du gouvernement.

En cas de rejet du pourvoi en cassation, le parquet intéressé avisera le défenseur.

Seul, le défenseur devra être informé du rejet du pourvoi. Pour une raison d'humanité, il y aura lieu de surseoir à notifier ce rejet au condamné lui-même jusqu'à décision définitive sur le recours en grâce.

Les prescriptions qui précèdent ne s'appliquent pas à la notification du rejet du recours en revision au cas de condamnation capitale, ledit rejet devant, au contraire, être notifié au condamné pour lui permettre d'user de l'ultime moyen que la loi lui accorde : le pourvoi en cassation.

Circulaire autorisant la communication des dossiers de procédure aux défenseurs après le prononcé des jugements.

Paris, le 5 novembre 1923.

En droit strict, après le prononcé d'un jugement par un conseil de guerre, le défenseur du condamné ne doit plus avoir communication du dossier de la procédure.

Toutefois, considérant que le défenseur peut assister son client dans la rédaction éventuelle d'un pourvoi en cassation et afin de faciliter sa tâche, cette communication pourra avoir lieu, désormais, au greffe du conseil de guerre, pendant les trois jours qui suivront celui où le jugement a été rendu.

Circulaire prescrivant que le rapport faisant suite à une condamnation à la peine de mort doit constituer un exposé complet des faits incriminés.

Paris, le 12 avril 1924.

Il m'a été rendu compte des difficultés qu'éprouvent les autorités hiérarchiques à émettre, en parfaite connaissance de cause, leur appréciation sur l'opportunité d'une mesure de clémence à prendre en faveur des individus condamnés à la peine de mort par la juridiction militaire.

Dans ces conditions, je vous prie de vouloir bien donner des instructions pour que le rapport du commissaire du gouvernement prévu par la circulaire du 27 juin 1900 (*Bulletin officiel*, volume 59[1]) constitue un exposé complet des faits tels qu'ils résultent de l'instruction et des débats et n'omette aucune des circonstances, atténuantes ou aggravantes, susceptibles d'éclairer les autorités appelées à émettre un avis motivé. Il conviendra, notamment, d'insister sur ce qui, au cours des débats, aurait pu modifier la physionomie des faits tels qu'ils apparaissaient au cours de l'instruction.

Pour le Ministre et par son ordre :

Le Directeur du contentieux et de la justice militaire,

FILIPPINI.

Circulaire prescrivant aux greffiers des conseils de guerre de prendre des notes d'audience.

Paris, le 12 mai 1924.

Aux termes de l'article 128 du Code de justice militaire, les dispositions de l'article 318 du Code d'instruction criminelle doivent être observées devant les conseils de guerre.

Cette dernière disposition légale prescrit que « le président fera tenir note, par le greffier, des additions, changements ou variations qui pourraient exister entre la déposition d'un témoin et ses précédentes déclarations.

« Le procureur général et l'accusé pourront requérir le président de faire tenir note de ces changements, additions et variations. »

Les prescriptions qui précèdent semblent être perdues de vue; il y aura lieu dorénavant de s'y conformer strictement.

Par ailleurs, l'instruction définitive, à l'audience, est orale, en sorte qu'il ne reste pas trace dans les dossiers de procédure du développement de cette instruction.

Pour obvier à cet inconvénient, le greffier devra tenir note, non seulement des incidents signalés par l'article 318 du Code d'instruction criminelle, mais aussi de toutes les déclarations des témoins et des réponses de l'accusé ainsi que le prescrit l'article 189 du même Code.

En définitive, les notes rédigées par le greffier à l'audience devront résumer les débats oraux et représenter la physionomie de la séance du tribunal.

Ces notes seront visées dans les trois jours du prononcé du jugement par le président du conseil de guerre et seront toujours annexées au dossier de la procédure.

XI.

RÉCIDIVISTES.

Loi sur les récidivistes (1).

Paris, le 27 mai 1885.

Le Sénat et la Chambre des députés ont adopté,

Le Président de la République promulgue la loi dont la teneur suit :

Art. 1er. La relégation consistera dans l'internement perpétuel, sur le territoire de colonies ou possessions françaises, des condamnés que la présente loi a pour objet d'éloigner de France.

Seront déterminés, par décrets rendus en forme de règlement d'administration publique, les lieux dans lesquels pourra s'effectuer la relégation, les mesures d'ordre et de surveillance auxquelles les relégués pourront être soumis par nécessité de sécurité publique, et les conditions dans lesquelles il sera pourvu à leur

---

(1) Mise à jour par l'incorporation dans le texte des modifications qui y ont été apportées par la loi du 3 avril 1903.

subsistance, avec obligation du travail à défaut de moyens d'existence dûment constatés.

Art. 2. La relégation ne sera prononcée que par les cours et tribunaux ordinaires, comme conséquence des condamnations encourues devant eux, à l'exclusion de toutes juridictions spéciales et exceptionnelles.

Ces cours et tribunaux pourront toutefois tenir compte des condamnations prononcées par les tribunaux militaires et maritimes, en dehors de l'état de siège ou de guerre, pour les crimes ou délits de droit commun spécifiés à la présente loi.

Art. 3. Les condamnations pour crimes ou délits politiques ou pour crimes ou délits qui leur sont connexes ne seront, en aucun cas, comptées pour la relégation.

Art. 4. Seront relégués, les récidivistes qui, dans quelque ordre que ce soit et dans un intervalle de dix ans, non compris la durée de toute peine subie, auront encouru les condamnations énumérées à l'un des paragraphes suivants :

1° Deux condamnations aux travaux forcés ou à la réclusion, sans qu'il soit dérogé aux dispositions des paragraphes 1 et 2 de l'article 6 de la loi du 30 mai 1854;

2° Une des condamnations énoncées au paragraphe précédent et deux condamnations soit à l'emprisonnement pour faits qualifiés crimes, soit à plus de trois mois d'emprisonnement pour :

Vol;
Escroquerie;
Abus de confiance;
Outrage public à la pudeur;
Excitation habituelle de mineurs à la débauche (1), *embauchage en vue de la débauche, assistance de la prostitution d'autrui sur la voie publique*
Vagabondage ou mendicité, par application des articles 277 et 279 du Code pénal;

3° Quatre condamnations soit à l'emprisonnement, pour faits qualifiés crimes, soit à plus de trois mois d'emprisonnement pour les délits spécifiés au paragraphe 2 ci-dessus;

4° Sept condamnations, dont deux au moins prévues par les deux paragraphes précédents, et les autres soit pour vagabondage, soit pour infraction à l'interdiction de résidence signifiée par application de l'article 19 de la présente loi, à la condition que deux de ces autres condamnations soient à plus de trois mois d'emprisonnement.

---

(1) Le texte en italique est celui qui a été ajouté par la loi du 3 avril 1903.

Sont considérés comme gens sans aveu et seront punis des peines édictées contre le vagabondage, tous individus qui, soit qu'ils aient ou non un domicile certain, ne tirent habituellement leur subsistance que du fait de pratiquer ou de faciliter sur la voie publique l'exercice de jeux illicites.

(1) *Seront punis d'un emprisonnement de trois mois à deux ans et d'une amende de 100 à 1.000 francs avec une interdiction de séjour de cinq à dix ans, tous individus ayant fait le métier de souteneur.*

Sont considérés comme souteneurs ceux qui aident, assistent ou protègent la prostitution d'autrui sur la voie publique et en partagent sciemment les profits.

Art. 5. Les condamnations qui auront fait l'objet de grace, commutation ou réduction de peine seront néanmoins comptées en vue de la relégation. Ne le seront pas, celles qui auront été effacées par la réhabilitation.

Art. 6. La relégation n'est pas applicable aux individus qui seront âgés de plus de 60 ans ou de moins de 21 ans, à l'expiration de leur peine.

Toutefois, les condamnations encourues par le mineur de 21 ans compteront en vue de la relégation, s'il est, apres avoir atteint cet âge, de nouveau condamné dans les conditions prévues par la présente loi.

Art. 7. Les condamnés qui auront encouru la relégation resteront soumis à toutes les obligations qui pourraient leur incomber en vertu des lois sur le recrutement de l'armée.

Un règlement d'administration publique déterminera dans quelles conditions ils accompliront ces obligations.

Art. 8. Celui qui aurait encouru la relégation par application de l'article 4 de la présente loi, s'il n'avait pas dépassé 60 ans, sera, après l'expiration de sa peine, soumis à perpétuité à l'interdiction de séjour édictée par l'article 19 ci-après.

S'il est mineur de 21 ans, il sera, après l'expiration de sa peine, retenu dans une maison de correction jusqu'à sa majorité.

Art. 9. Les condamnations encourues antérieurement à la promulgation de la présente loi seront comptées en vue de la relégation, conformément aux précédentes dispositions. Néanmoins, tout individu qui aura encouru avant cette époque des condamnations pouvant entrainer dès maintenant la relégation n'y sera soumis qu'en cas de condamnation nouvelle, dans les conditions ci-dessus prescrites.

Art. 10. Le jugement ou l'arrêt prononcera la relégation en même temps que la peine principale: il visera expressément les condamnations antérieures par suite desquelles elle sera applicable.

Art. 11. Lorsqu'une poursuite devant un tribunal correctionnel sera de nature à entraîner l'application de la relégation, il ne pourra jamais être procédé dans les formes édictées par la loi du 20 mai 1863 sur les flagrants délits.

Un défenseur sera nommé d'office au prévenu, à peine de nullité.

Art. 12. La relégation ne sera appliquée qu'à l'expiration de la dernière peine à subir par le condamné. Toutefois, faculté est laissée au gouvernement de devancer cette époque pour opérer le transfèrement du relégué.

Il pourra également lui faire subir tout ou partie de la dernière peine dans un pénitencier.

Ces pénitenciers pourront servir de dépôt pour les libérés, qui y seront maintenus jusqu'au plus prochain départ pour le lieu de relégation.

Art. 13. Le relégué pourra momentanément sortir du territoire de relégation en vertu d'une autorisation spéciale de l'autorité supérieure locale.

Le Ministre seul pourra donner cette autorisation pour plus de six mois ou la réitérer.

Il pourra seul aussi autoriser, à titre exceptionnel et pour six mois au plus, le relégué à rentrer en France.

Art. 14. Le relégué qui, à partir de l'expiration de sa peine, se sera rendu coupable d'évasion ou de tentative d'évasion, celui qui, sans autorisation, sera rentré en France ou aura quitté le territoire de relégation, celui qui aura outrepassé le temps fixé par l'autorisation, sera traduit devant le tribunal correctionnel du lieu de son arrestation ou devant celui du lieu de relégation, et, après reconnaissance de son identité, sera puni d'un emprisonnement de deux ans au plus.

En cas de récidive, cette peine pourra être portée à cinq ans.

Elle sera subie sur le territoire des lieux de relégation.

Art. 15. En cas de grâce, le condamné à la relégation ne pourra en être dispensé que par une disposition spéciale des lettres de grâce.

Cette dispense par voie de grâce pourra d'ailleurs intervenir après l'expiration de la peine principale.

Art. 16. Le relégué pourra, à partir de la sixième année de sa libération, introduire, devant le tribunal de la localité, une demande tendant à se faire relever de la relégation, en justifiant de sa bonne conduite, des services rendus à la colonisation et de moyens d'existence.

Les formes et conditions de cette demande seront déterminées par le règlement d'administration publique prévu par l'article 18 ci-après.

Art. 17. Le gouvernement pourra accorder aux relégués l'exercice, sur les territoires de relégation, de tout ou partie des droits civils dont ils auraient été privés par l'effet des condamnations encourues.

Art. 18. Des règlements d'administration publique détermineront :

Les conditions dans lesquelles les relégués accompliront les obligations militaires auxquelles ils pourraient être soumis par les lois sur le recrutement de l'armée;

L'organisation des pénitenciers mentionnés en l'article 12;

Les conditions dans lesquelles le condamné pourra être dispensé provisoirement ou définitivement de la relégation pour cause d'infirmité ou de maladie, les mesures d'aide et d'assistance en faveur des relégués ou de leur famille, les conditions auxquelles des concessions de terrains provisoires ou définitives pourront leur être accordées, les avances à faire, s'il y a lieu, pour premier établissement, le mode de remboursement de ces avances, l'étendue des droits de l'époux survivant, des héritiers ou des tiers intéressés sur les terrains concédés, et les facilités qui pourraient être données à la famille des relégués pour les rejoindre;

Les conditions des engagements de travail à exiger des relégués;

Le régime et la discipline des établissements ou chantiers où ceux qui n'auraient ni moyens d'existence ni engagement seront astreints au travail;

Et en général toutes les mesures nécessaires à assurer l'exécution de la présente loi.

Le premier règlement destiné à organiser l'application de la présente loi sera promulgué dans un délai de six mois au plus à dater de sa promulgation.

Art. 19. Est abrogée la loi du 9 juillet 1852, concernant l'interdiction, par voie administrative, du séjour du département de la Seine et des communes formant l'agglomération lyonnaise.

La peine de la surveillance de la haute police est supprimée. Elle est remplacée par la défense faite au condamné de paraître dans les lieux dont l'interdiction lui sera signifiée par le gouvernement avant sa libération.

Toutes les autres obligations et formalités imposées par l'article 44 du Code pénal sont supprimées à partir de la promulgation de la présente loi, sans qu'il soit toutefois dérogé aux dispositions de l'article 635 du Code d'instruction criminelle.

Restent en conséquence applicables pour cette interdiction, les dispositions antérieures qui réglaient l'application ou la durée, ainsi que la remise ou la suppression de la surveillance de la haute police, et les peines encourues par les contrevenants, conformément à l'article 45 du Code pénal.

Dans les trois mois qui suivront la promulgation de la présente loi, le gouvernement signifiera aux condamnés actuellement soumis à la surveillance de la haute police les lieux dans lesquels il leur sera interdit de paraître pendant le temps qui restait à courir de cette peine.

Art. 20. La présente loi est applicable à l'Algérie et aux colonies.

En Algérie, par dérogation à l'article 2, les conseils de guerre prononceront la relégation contre les indigènes des territoires de commandement qui auront encouru, pour crimes ou délits de droit commun, les condamnations prévues par l'article 4 ci-dessus.

Art. 21. La présente loi sera exécutoire à partir de la promulgation du règlement d'administration publique mentionné au dernier paragraphe de l'article 18.

Art. 22. Un rapport sur l'exécution de la présente loi sera présenté chaque année, par le Ministre compétent, à M. le Président de la République.

Art. 23. Toutes dispositions antérieures sont abrogées en ce qu'elles ont de contraire à la présente loi.

La présente loi, délibérée et adoptée par le Sénat et la Chambre des députés, sera exécutée comme loi de l'Etat.

Circulaire relative à l'application de la loi du 27 mai 1885 sur les récidivistes.

Paris, le 30 juin 1885.

Mon cher Général, j'ai l'honneur de vous transmettre, ci-après, extrait d'une circulaire adressée par M. le Garde des sceaux, Président du conseil, à MM. les procureurs généraux, au sujet de la loi du 27 mai 1885, sur les récidivistes, en ce qui concerne la suppression de la surveillance de la haute police.

« La loi du 27 mai 1885 sur les récidivistes, d'après son article 21, ne sera exécutoire qu'à partir de la promulgation du règlement d'administration publique qui devra intervenir dans le délai déterminé par le paragraphe dernier de l'article 18.

« Mais il n'en est ainsi qu'en ce qui concerne les dispositions qui font l'objet principal de la loi dont il s'agit. Celles qui suppriment la surveillance de la haute police et lui substituent la défense faite au condamné de paraître dans les lieux dont l'interdiction lui sera signifiée par le gouvernement sont, au contraire, entrées en vigueur après la promulgation de la loi, selon les règles ordinaires.

« C'est ce qui résulte du texte de l'article 19 de la loi précitée. Après avoir dit dans le paragraphe 2 de cet article : « La peine de « la surveillance de la haute police est supprimée. Elle est rem- « placée par la défense faite au condamné de paraître dans les lieux « dont l'interdiction lui sera signifiée par le gouvernement avant sa « libération », la loi ajoute, dans le paragraphe 3 : « Toutes les « autres obligations et formalités imposées par l'article 44 du Code « pénal sont supprimées à partir de la promulgation de la présente « loi, sans qu'il soit toutefois dérogé aux dispositions de l'article 635 « du Code d'instruction criminelle. » Le paragraphe 5 n'est pas moins formel : « Dans les trois mois qui suivront la promulgation « de la présente loi, le gouvernement signifiera aux condamnés « actuellement soumis à la surveillance de la haute police les lieux « dans lesquels il leur sera interdit de paraître pendant le temps « qui restait à courir de cette peine. »

« Il suit de là :

« 1° Que les tribunaux, à partir de la promulgation de la loi, ne doivent plus prononcer la peine de la surveillance. Les condamnés qui, d'après la loi antérieure, auraient encouru la surveillance de la haute police, doivent être placés dans la situation prévue par les paragraphes 2 et suivants de l'article 19 précité;

« 2° A compter de la même époque, la peine de la rupture de ban ne peut être appliquée aux individus antérieurement soumis à la surveillance de la haute police, pour infraction aux dispositions de l'article 44 du Code pénal; de même ceux qui seraient condamnés après la mise en vigueur de la loi nouvelle ne pourront se voir appliquer la pénalité édictée par l'article 45 du même Code, qu'autant qu'ils auront contrevenu à l'interdiction de paraître en certains lieux à eux dûment signifiée.

« Sur le premier point, la manière de procéder est tracée aux tribunaux par le paragraphe 4 de l'article 19 de la loi du 27 mai 1885 : « Restent, en conséquence, applicables pour cette interdic- « tion les dispositions antérieures qui réglaient l'application ou la « durée, ainsi que la remise ou la suppression de la surveillance de « la haute police et les peines encourues par les contrevenants, con- « formément à l'article 45 du Code pénal. » Les tribunaux devront donc se conformer à toutes les dispositions qui régissaient la surveillance de la haute police, en adoptant seulement une nouvelle formule qui pourrait être celle-ci : « Fait défense au condamné, « pendant... ans, de paraître dans les lieux dont l'interdiction lui « sera signifiée par le gouvernement avant sa libération. »

Je vous prie de donner les instructions nécessaires pour que les dispositions qui précèdent soient rigoureusement appliquées par le conseil de guerre de votre région de corps d'armée.

Général CAMPENON.

Circulaire relative aux formalités à remplir à l'égard des militaires qui sollicitent un congé ou une permission pour en jouir dans une localité dont le séjour leur est interdit.

Paris, le 13 juin 1910.

Un militaire condamné à la peine accessoire de l'interdiction de séjour a été récemment autorisé à jouir d'un congé de convalescence à Paris, sous la seule réserve qu'avis en soit donné au préfet de police, bien que le séjour du département de la Seine lui ait été interdit par mesure administrative.

A cette occasion, le Ministre rappelle qu'aux termes de l'article 5 du décret du 30 août 1875, le Ministre de l'intérieur a exclusivement qualité pour suspendre la surveillance de la haute police, à laquelle l'article 19 de la loi du 27 mai 1885 a substitué la défense faite au condamné de paraître dans les lieux dont l'interdiction lui sera signifiée par le gouvernement avant sa libération.

En conséquence, aucun militaire se trouvant assujetti à cette peine accessoire ne devra, à l'avenir, être autorisé à se rendre, pour quelque motif que ce soit, dans une localité dont le séjour lui est interdit sans avoir obtenu, au préalable, l'assentiment du Ministre de l'intérieur.

Une proposition à cet effet devra être adressée en temps utile au Ministre de la guerre (Direction du Contentieux et de la Justice militaire) pour être transmise au Département de l'intérieur.

Cette proposition, accompagnée d'un état signalétique et des services et d'un relevé des punitions de l'intéressé, devra contenir l'avis des autorités militaires sur le mérite de la demande.

XII

RECRUTEMENT

Circulaire relative aux effets de l'amnistie au point de vue de la supputation des services et de la détention préventive.

Paris, le 4 mai 1920.

La question a été posée de savoir quels sont les effets de l'amnistie au point de vue de la supputation des services et de la détention préventive.

Aux termes de l'article 34 de la loi du 21 mars 1905 (1) sur le recrutement de l'armée, ne compte pas pour les années de service exigées par la loi, le temps pendant lequel un militaire a subi la peine d'emprisonnement en vertu d'un jugement si cette peine a eu pour effet de l'empêcher d'accomplir, au moment fixé, tout ou partie des obligations d'activité qui lui sont imposées par la loi ou par les engagements qu'il a souscrits.

Or, l'amnistie efface, non pas les faits eux-mêmes, mais le caractère délictueux de ces faits; les faits subsistent, mais ils disparaissent en tant qu'infraction seulement.

En conséquence, le temps pendant lequel un militaire a été détenu en vertu d'un jugement ne compte pas pour les années de service exigées par l'article 32, paragraphe 3 et, le cas échéant, par l'article 33, paragraphe 16, de la loi susvisée.

Il en est de même du temps passé en détention préventive si celle-ci a été imputée sur la durée de la peine.

Le militaire amnistié d'une condamnation ayant donné lieu à déduction de service doit donc satisfaire aux obligations imposées par la loi.

Toutefois, par mesure bienveillante, le Ministre a décidé que les dispositions qui précèdent ne seront pas applicables aux hommes des classes 1917 et antérieures. Les hommes de ces classes qui auraient été renvoyés dans leurs foyers y seront maintenus, ceux qui seraient retenus sous les drapeaux seront libérés.

Toutes les dispositions contraires aux prescriptions ci-dessus

---

(1) Actuellement, article 41 de la loi du 1er avril 1923.

sont abrogées, notamment le 7e paragraphe de la circulaire 14512-2/1 du 10 juillet 1919.

Une circulaire, qui sera prochainement insérée au *Bulletin officiel*, sous le timbre du Cabinet du Ministre (3e Bureau), complétera, en conséquence, les articles 38, 58 et 62 de l'instruction du 8 juin 1911 (*B. O.*, É. M., vol. 10).

Circulaire relative à la libération des militaires des classes antérieures à 1920, *amnistiés par la loi du* 24 *octobre* 1919 *ou par la loi du* 29 *avril* 1921.

Paris, le 25 juillet 1921.

J'ai l'honneur de vous faire connaître que, par mesure bienveillante, je décide que les militaires des classes antérieures à 1920, bénéficiaires des lois d'amnistie des 24 octobre 1919 et 29 avril 1921, ne recevront pas application des dispositions de l'article 34 (1) de la loi sur le recrutement de l'armée.

La circulaire du 31 mars 1921 n° 22769 2/10 (2) est abrogée, en ce qu'elle a de contraire à cette décision.

Signé : Louis BARTHOU.

Circulaire relative à l'assimilation de la deuxième réserve prévue par la loi du 1er *avril* 1923, *à l'armée territoriale, en ce qui concerne les dispositions de l'article* 17, *paragraphe* 1er *du Code civil.*

Paris, le 18 juin 1923.

L'expression « armée territoriale » a disparu de la loi de recrutement du 1er avril 1923 qui, dans son article 2, ne prévoit plus, en dehors du service actif et de la disponibilité, que deux catégories de réserve (1re et 2e).

La question s'est posée de savoir comment, devant ce nouveau texte, l'on doit interpréter l'article 17, paragraphe 1er, du Code civil.

Il était admis, jusqu'à présent, que seuls, les hommes clas-

---

(1) Actuellement article 41 de la loi du 1er avril 1923.
(2) Non insérée au *Bulletin officiel*.

sés dans l'armée territoriale et sa réserve, étaient dispensés de solliciter, pour se faire naturaliser à l'étranger, l'autorisation prévue par l'article 17, paragraphe 1°, précité.

D'accord avec M. le Garde des sceaux, j'ai décidé qu'il y avait lieu d'assimiler à l'armée territoriale la deuxième réserve instituée par la nouvelle loi et que les hommes appartenant soit à la disponibilité, soit à la première réserve seraient tenus d'obtenir, au préalable, l'autorisation du gouvernement français, pour se faire naturaliser à l'étranger.

Pour le Ministre et par son ordre :

Le Directeur du contentieux et de la justice militaire,

FILIPPINI.

Circulaire relative à la suspension prévue par l'article 150 *du Code de justice militaire.*

Paris, le 1er août 1923.

Il a paru nécessaire, pour éviter des divergences d'interprétation, de préciser les effets, en ce qui concerne l'exclusion de l'armée, des décisions suspendant, par application des dispositions de l'article 150 du Code de justice militaire, l'exécution des jugements rendus par les conseils de guerre et emportant condamnation à une peine criminelle.

Aux termes de l'article 4 de la loi du 1er avril 1923, sur le recrutement de l'armée, les individus qui ont été condamnés à une peine criminelle sont exclus de l'armée.

Ce texte légal reçoit son application dès l'instant où le jugement de condamnation devient définitif.

Si l'exécution du jugement est ensuite suspendue, cette décision n'a pas d'effet rétroactif et le condamné reste exclu de l'armée, même si la dégradation militaire, conséquence de toute peine criminelle, n'a pas été subie.

En pareil cas, le condamné est exclu de l'armée, non en vertu de l'article 190 du Code de justice militaire, relatif aux effets de la dégradation militaire, mais par application de l'article 4 de la loi sur le recrutement de l'armée.

Par suite, aucun militaire condamné à une peine criminelle ne peut être autorisé à continuer à servir dans l'armée puisqu'il en est exclu du fait de sa condamnation.

Les individus tarés par une condamnation à une peine criminelle doivent, selon l'intention du législateur, être éliminés de l'armée.

Si pendant la guerre il a été dérogé à ce principe pour des considérations d'ordre militaire présentant un caractère impératif, il ne doit plus en être de même aujourd'hui et il importe de ne pas s'écarter de la stricte application de la loi.

J'estime que dans l'intérêt de la bonne administration de la justice, les dispositions de l'article 150 du Code de justice militaire ne doivent, d'ailleurs, être appliquées que très exceptionnellement et seulement lorsqu'il y a un intérêt majeur à suspendre l'exécution d'un jugement.

Pour le Ministre et par son ordre :

Le Directeur du contentieux et de la justice militaire,

FILIPPINI.

Circulaire dispensant de l'application de l'article 41 de la loi du 1er avril 1923 sur le recrutement de l'armée les militaires des classes antérieures à 1920 amnistiés par la loi du 3 janvier 1925.

Paris, le 13 février 1925.

La circulaire du 25 juillet 1921, n° 42002 2/10, a prescrit que par mesure bienveillante, les militaires des classes antérieures à 1920, bénéficiaires des lois d'amnistie des 24 octobre 1919 et 29 avril 1921, ne recevraient pas application des dispositions de l'article 34 de la loi sur le recrutement de l'armée.

Pour des considérations de même nature, les militaires des classes antérieures à 1920, amnistiés par la loi du 3 janvier 1925, ne recevront pas application de l'article 41 de la loi du 1er avril 1923 sur le recrutement de l'armée.

Il est rappelé qu'en aucun cas, même lorsque les faits sont couverts par l'amnistie, le temps passé en état d'insoumission ou de désertion ne compte dans la durée du service militaire effectif dû par les intéressés (articles 90 de la loi du 1er avril 1923 et 184 du Code de justice militaire).

XIII.

RÉINTÉGRATION DES CONDAMNÉS.

Circulaire relative à la répartition des hommes des établissements pénitentiaires d'Algérie et de Tunisie, des bataillons d'infanterie légère d'Afrique, et des compagnies de discipline (1), à réintégrer dans les corps de troupe.

Paris, le 12 novembre 1902.

Les hommes des établissements pénitentiaires d'Algérie et de Tunisie, des bataillons d'infanterie légère d'Afrique et des compagnies de discipline, à réintégrer dans les corps de troupe, sont, en principe, affectés, selon leur provenance, à un corps de leur arme ou subdivision d'arme d'origine, conformément aux règles suivantes :

§ A. — *Hommes provenant de France* (2).

1° Les hommes provenant de France sont affectés à un corps de France, savoir :

Ceux provenant de l'infanterie, à un régiment d'infanterie;

Ceux provenant des chasseurs à pied, à un bataillon de chasseurs;

Ceux provenant des chasseurs cyclistes, à un groupe de chasseurs cyclistes;

Ceux provenant des cuirassiers (1) à un régiment de cuirassiers;

Ceux provenant des dragons, à un régiment de dragons;

Ceux provenant de la cavalerie légère, à un régiment de chasseurs ou un régiment de hussards;

(1) Actuellement, les sections spéciales (loi du 11 avril 1910).

(2) Modifié par la circulaire du 10 décembre 1924.

Ceux provenant des escadrons d'autos-mitrailleuses de cavalerie, à un escadron d'autos-mitrailleuses de cavalerie;

Ceux provenant des régiments d'artillerie, à un régiment d'artillerie;

Ceux provenant des régiments de chars de combat, à un régiment de chars de combat;

Ceux provenant du train des équipages, à un escadron du train;

Ceux provenant des régiments du génie, à un régiment du génie;

Ceux provenant des régiments d'aviation, à un régiment d'aviation;

Ceux provenant des régiments d'aérostation, à un régiment d'aérostation.

2° Dans chacune des armes et subdivisions d'arme spécifiées ci-dessus, l'affectation a lieu selon deux tours distincts, établis dans l'ordre des régiments, des bataillons et des escadrons formant corps et comprenant :

L'un, les corps des 10e, 11e, 12e, 16e, 17e et 18e régions, pour les hommes qui proviennent de ces régions ;

L'autre, les corps du gouvernement militaire de Paris, et des autres régions, pour les hommes qui en proviennent.

3° Dans chaque tour, les affectations sont faites, mensuellement et en n'affectant qu'un homme à la fois à chaque corps, suivant le tour établi, sauf les interruptions nécessitées par les exceptions ci-après :

a) Le contingent sera réduit à 1 sur 2, pour les corps de troupe qui auront des détachements dans les garnisons situées sur les extrêmes frontières nord, est, sud-est et sud-ouest ; il sera réduit à 1 sur 4, pour les corps stationnés en entier sur lesdites frontières; ces derniers, et notamment les bataillons de chasseurs à pied, ne recevront aucun réintégré condamné antérieurement pour désertion ;

b) Les réintégrés ne seront jamais affectés à leur corps d'origine ;

c) On évitera également d'affecter les réintégrés à un corps tenant garnison dans leur subdivision d'origine ou dans la même ville que leur corps primitif; en tout cas, ceux provenant d'un corps de troupe de la garnison de Paris ne seront jamais affectés à un corps stationné dans cette place ;

d) Sous ces réserves, les hommes, à qui il restera moins de deux mois de service à accomplir avant leur libération, devront être réintégrés dans un corps de leur arme ou subdivision d'arme, ou, à défaut, dans un corps d'infanterie voisin de leur subdivision d'origine.

§ B. — *Hommes provenant d'Afrique* (1).

1° Les hommes provenant d'Afrique sont affectés à un corps d'Algérie, et ceux de Tunisie à un corps de Tunisie, savoir :

Ceux provenant des zouaves, à un régiment de zouaves ;

Ceux provenant des tirailleurs, à un régiment de tirailleurs;

Ceux provenant des régiments étrangers, à un régiment étranger ;

Ceux provenant des chasseurs d'Afrique, à un régiment de chasseurs d'Afrique ;

Ceux provenant des spahis, à un régiment de spahis ;

Ceux provenant des groupes d'artillerie, à un des groupes autonomes d'artillerie d'Algérie ou de Tunisie;

Ceux provenant des groupes d'aviation, à un des groupes d'aviation d'Algérie ou de Tunisie;

Ceux provenant du train des équipages, à un des escadrons du train des équipages d'Algérie ou de Tunisie;

Ceux provenant des bataillons du génie, à un des bataillons du génie d'Algérie ou de Tunisie.

2° Les affectations sont faites mensuellement, de manière que les hommes soient, autant que possible, réintégrés dans un régiment ou groupe d'artillerie ou groupe d'aviation ou escadron ou bataillon autre que leur corps ou groupe primitif; si cette condition ne peut pas être remplie, les réintégrés sont seulement changés de bataillon, escadron ou batterie, escadrille, compagnie, en les affectant à une unité qui ne tienne pas garnison dans la même localité que leur unité primitive.

(1) Modifié par la circulaire du 10 décembre 1924.

§ C. — *Hommes provenant des troupes coloniales* (1).

1° Les hommes des établissements pénitentiaires et des bataillons d'infanterie légère d'Afrique provenant des troupes coloniales sont affectés à un corps colonial de la métropole selon les règles suivantes :

a) Les hommes provenant des corps ou fractions de corps stationnés dans le gouvernement militaire de Paris, ou dans les 10e, 11e, 16e et 18e régions, et ceux venus directement des corps stationnés aux colonies, sont affectés, conformément aux principes généraux du § A, à un corps ou à une fraction de corps d'infanterie ou d'artillerie coloniale, selon l'arme dont ils proviennent, stationné dans une des 10e, 11e, 16e et 18e régions, d'après un tour établi et comprenant tous les corps et fractions de corps coloniaux tenant garnison dans ces régions.

b) Ceux provenant des corps ou fractions de corps stationnés dans la 15e région sont affectés à un corps ou une fraction de corps en garnison dans cette région.

2° Les hommes sortant des unités de discipline coloniale sont affectés :

Ceux du dépôt d'Oléron, à des corps de France.

Ceux de l'unité de l'Indo-Chine à des corps de l'Indo-Chine.

Ceux de l'unité de Madagascar, à des corps de Madagascar et de la Réunion.

Ceux de l'unité de la Martinique, à des corps de la Martinique, la Guadeloupe et la Guyane.

Ceux de l'unité du Sénégal, à des corps de l'Afrique occidentale française.

§ D. — *Hommes provenant de la marine* (2).

Les hommes des établissements pénitentiaires d'Algérie et de Tunisie, des bataillons d'infanterie légère d'Afrique et des compagnies de discipline coloniales, qui proviennent de la marine, sont dirigés sur le 5e dépôt des équipages de la flotte, à Toulon.

§ E. — *Dispositions communes aux* §§ A, B, C.

1° Les hommes des troupes à pied, autres que celles indiquées aux §§ A et B (sapeurs-pompiers, section de secrétaires

(1) Les hommes provenant des troupes métropolitaines détachées aux colonies sont affectés à des corps de même arme ou subdivision d'arme de la métropole, selon les règles générales.
(2) Modifié par la circulaire du 10 décembre 1924.

d'état-major et du recrutement, sections de commis et ouvriers militaires d'administration, sections d'infirmiers militaires, etc.), sont réintégrés dans les régiments d'infanterie ou dans les zouaves, selon qu'ils proviennent de France ou d'Afrique.

Les hommes des sections de télégraphistes coloniaux, de secrétaires d'état-major coloniaux, de secrétaires et ouvriers du commissariat et d'infirmiers coloniaux, sont réintégrés dans des régiments d'infanterie coloniaux.

2° Les hommes des troupes à cheval autres que celles indiquées aux §§ A et B (cavaliers de remonte, etc.), sont réintégrés dans des régiments de cavalerie légère ou dans des régiments de chasseurs d'Afrique, selon qu'ils proviennent de France ou d'Afrique.

3° Les hommes des compagnies d'ouvriers d'artillerie et d'artificiers des troupes métropolitaines sont réintégrés dans des régiments d'artillerie à pied; ceux des compagnies d'ouvriers et d'artificiers de l'artillerie coloniale sont réintégrés dans des régiments d'artillerie coloniale.

4° Les gendarmes encore liés au service sont réintégrés dans un corps de l'arme ou de la subdivision d'arme à laquelle ils appartenaient avant leur entrée dans la gendarmerie.

5° Les jeunes gens incorporés directement dans les bataillons d'infanterie légère d'Afrique sont affectés, à leur sortie de ces bataillons, à un régiment d'infanterie ou un régiment de zouaves, selon qu'ils proviennent du contingent métropolitain ou du contingent africain.

§ F. — *Dispositions spéciales aux hommes sortant des établissements pénitentiaires* (1).

1° Pour les hommes sortant des établissements pénitentiaires par remise du restant de la peine, l'affectation a lieu conformément à l'article 57 de l'instruction du 10 décembre 1900.

2° Pour les hommes sortant des prisons et pénitenciers de France, l'affectation a lieu conformément aux prescriptions de l'article 58 de l'instruction du 10 décembre 1900, modifiée par décision du 12 novembre 1902.

3° Les hommes des troupes métropolitaines et coloniales sortant des établissements pénitentiaires, qui proviennent des bataillons d'infanterie légère d'Afrique ou qui ont encouru une

(1) Modifié par la circulaire du 10 décembre 1924.

condamnation entraînant l'envoi à ces bataillons, doivent être envoyés dans un bataillon d'infanterie légère d'Afrique, désigné par le général commandant le 19e corps d'armée ou le général commandant la division de Tunisie, conformément aux prescriptions des articles 2 et 3 de l'instruction du 19 décembre 1899, modifiée par décision du 12 novembre 1902 :

4° Les hommes qui proviennent d'une compagnie ou section de discipline ou d'une unité de discipline coloniale, ainsi que les militaires indigènes des régiments de tirailleurs et de spahis et les militaires étrangers, qui ont encouru une condamnation entraînant l'envoi à une section de discipline, doivent être envoyés dans une compagnie ou section de discipline, savoir :

Ceux qui proviennent d'une compagnie de discipline métropolitaine sont renvoyés dans une compagnie d'Algérie ou de Tunisie, autant que possible autre que la compagnie primitive;

Ceux qui proviennent d'une unité de discipline coloniale, sont envoyés au dépôt d'Oléron, d'où ils seront dirigés sur une unité autre que l'unité primitive;

Ceux qui proviennent d'une section de discipline des tirailleurs ou des régiments étrangers, ou qui doivent être envoyés dans une de ces sections, sont affectés à une section désignée par le général commandant le 19e corps ou le général commandant la division d'occupation de Tunisie, qui prononcent ensuite la réintégration dans les compagnies ou les escadrons actifs d'un régiment de l'arme d'origine de l'homme, et, s'il est possible, autre que le corps primitif, ou, à défaut, dans une compagnie ou un escadron différent, et stationné dans une garnison autre que la compagnie, ou l'escadron primitif.

§ G. — *Dispositions spéciales aux hommes sortant des bataillons d'infanterie légère d'Afrique.*

Les hommes des unités de discipline métropolitaines ou coloniales envoyés aux bataillons d'infanterie légère d'Afrique, devant désormais accomplir dans les sections de discipline de ces bataillons à la fois leur temps d'épreuve de disciplinaires et de condamnés, sont, à la sortie de ces bataillons, réintégrés, selon la règle générale, dans un corps de l'arme à laquelle ils appartenaient avant leur envoi aux compagnies de discipline.

Général L. André.

XIV.

SCELLÉS.

Circulaire relative au payement des frais résultant, pour l'administration de la guerre, de l'apposition des scellés dans les conditions déterminées par l'arrêté du 13 nivôse an X.

Paris, le 30 avril 1886.

Le Ministre de la guerre décide qu'à l'avenir les intendants, directeurs du service de l'intendance des corps d'armée, mandateront *directement*, sur les crédits mis à leur disposition, au titre du budget du service de la justice militaire (Frais généraux), les dépenses résultant des frais d'apposition, de garde et de levée de scellés, prévues par l'arrêté des consuls du 13 nivôse an X (1) et le paragraphe 5 de l'instruction du 13 février 1848 pour l'exécution de cet arrêté (2).

Ils auront soin de toujours s'assurer, préalablement, de la régularité des mémoires qui leur seront présentés, à cet effet, par les greffiers de justice de paix, ainsi que de la justification de l'apposition des scellés, dans l'intérêt exclusif de l'Etat, sur les papiers, cartes, plans et mémoires militaires laissés par les officiers généraux ou supérieurs décédés.

XV.

SERVICE MILITAIRE DES CONDAMNÉS.

Décision ministérielle déterminant le point de départ de la reprise du service pour les condamnés militaires libérés ou graciés.

Paris, le 11 août 1883.

D'après le principe posé dans l'article 64 de la loi du 27 juillet 1872 (3), il y a lieu de ne déduire des années de service que le

(1) Remplacé par le décret du 22 janvier 1890, vol. 28.
(2) Remplacée par l'instruction du 22 janvier 1890, vol. 28.
(3) Devenu article 41, de la loi du 1er avril 1923.

temps pendant lequel un militaire a subi une peine correctionnelle (travaux publics ou emprisonnement) en vertu d'un jugement.

Dès lors, le service d'un condamné doit recommencer à courir à partir du jour de l'expiration de sa peine ou de la date de la grâce qui a pu lui être accordée (1).

XVI.

STATISTIQUE.

Circulaire relative au rétablissement du compte général de l'administration de la justice militaire.

Paris, le 19 août 1905.

Pour répondre au désir qui a été manifesté au Parlement, le compte général de l'administration de la justice militaire sera établi dorénavant dans les mêmes conditions qu'avant 1888, date à laquelle sa publication a été interrompue.

MM. les commissaires du gouvernement sont, en conséquence, invités à adresser le 1er avril de chaque année (Direction du Contentieux et de la Justice militaire) les états statistiques qui serviront à établir ce compte général. Les formules de ces états devront être demandées en même temps que les imprimés présumés nécessaires pour assurer le service de la justice militaire pendant le premier semestre de chaque année (art. 44 de l'instruction du 21 décembre 1899 sur les dépenses des tribunaux militaires).

Maurice Berteaux.

---

(1) En ce qui concerne les militaires maintenus au corps par application de l'article 47 de la loi du 15 juillet 1889 (devenu article 46 de la loi du 1er avril 1923), le Conseil d'Etat a émis, le 9 novembre 1898, l'avis que le temps passé en prison par suite d'un jugement, par un homme retenu sous les drapeaux en vertu dudit article, doit être compté dans la durée du service supplémentaire.

XVII

SIGNALEMENT.

Circulaire modifiant le modèle de signalement arrêté par la circulaire du 18 août 1910.

Paris, le 10 mai 1912.

A l'avenir, le signalement du modèle ci-annexé remplacera les indications du même ordre, portées sur les livrets et pièces militaires, dont l'énumération suit :

La notice individuelle (modèle n° 2);
Les tableaux de recensement (modèle n° 4);
Les certificats d'aptitude délivrés aux engagés ou aux rengagés;
Les actes d'engagement ou de rengagement;
Le registre matricule du service de recrutement;
Le registre matricule de la troupe;
Le livret matricule;
Le livret individuel;
L'état signalétique et des services;
Le certificat des non-disponibles (modèle n° 50);
Le certificat d'affectation spéciale (modèle n° 51);
Le certificat d'exemption militaire (modèle n° 5);
Le certificat d'ajournement (modèle n° 6).

Il conviendra également de faire figurer le nouveau signalement sur les modèles n°s 1, 3, 4, 4 *bis*, 6, 6 *bis*, 7 et 8 de l'instruction du 20 mars 1906 (insoumission), et sur les modèles n°s 1, 2, 3 et 4 de l'instruction du 21 mars 1906 (désertion), ainsi que sur toutes autres pièces militaires comportant la formule de signalement.

I. — Signalement.

Cheveux :	Renseignements physionomiques complémentaires :
Yeux :	Taille : 1 mètre cent.
Front :	Taille rectifiée : 1 mètre cent.
Nez :	Marques particulières :
Visage :	

II. — Tableaux de réponses a faire aux nouvelles rubriques du signalement.

Cheveux : blonds, châtains, noirs, roux.
(Ajouter, s'il y a lieu, clairs ou foncés.)
Yeux : bleus, jaunes, châtains, marrons.
(Ajouter, s'il y a lieu, clairs ou foncés.)

Front : moyen, large, haut.
(Ajouter, s'il y a lieu, l'inclinaison : fuyant, proéminent, vertical.)

Nez : cave, rectiligne, convexe, busqué.
(Ajouter, le cas échéant, petit, long, gros.)

Visage : large, rond, long.

Renseignements physionomiques complémentaires (à indiquer le cas échéant).	*Nez :* tordu (à gauche ou à droite). *Lèvres :* minces ou épaisses. *Bouche :* petite ou grande. *Menton :* fuyant, saillant, à fossette. *Louche* (en dedans ou en dehors).
Marques particulières (à mentionner s'il y a lieu) :	*Cicatrice* de coupure, de brûlure, d'abcès, etc. *Nævus* ou envie. *Tatouages* ou autres marques (indiquer l'endroit et repérer approximativement).

Il conviendra de s'inspirer des indications ci-après pour l'établissement dudit signalement :

Cheveux. — L'addition du ton, clair, moyen ou foncé, aux termes blonds et châtains, donne l'échelle suivante qui permet de décrire toutes les nuances : blond clair, blond moyen, blond foncé, châtain clair, châtain moyen, châtain foncé, châtain noir; le qualificatif noir est réservé aux nuances à reflets bleuâtres (aile de corbeau). Le mot brun, quelquefois employé, doit être remplacé ici par châtain foncé ou châtain noir.

Les cheveux roux à nuance franche sont qualifiés par les termes roux clair, roux moyen, roux foncé; lorsque le roux sera mélangé de blond ou de châtain, on l'indiquera en ayant soin de mettre en avant la nuance dominante, mais sans indication du ton; par exemple : blond roux ou roux blond, châtain roux ou roux châtain.

Yeux. — L'examen porte spécialement sur l'œil gauche bien éclairé par la lumière du jour. Les nuances à noter sont :

Bleu clair, comme l'azur du ciel.

Bleu foncé, tirant sur la couleur de l'ardoise.

Jaune clair, la partie centrale, près de la pupille, est couverte d'un jaune ressemblant à la couleur de la paille ou de l'écorce de citron, tandis que la partie extérieure, près du blanc de l'œil, est d'un bleu clair ou foncé.

Marron clair ou foncé, ces yeux sont teintés dans presque toute leur étendue d'une nuance ressemblant à l'écorce du marron d'Inde frais; cette nuance est plus ou moins foncée. Ce sont les yeux marron foncé qu'on qualifie, à tort, de noirs.

Pour le relevé des caractères ci-après, les sujets doivent être examinés, soit de profil (côté droit), soit de pleine face.

Front. — Le front est à examiner au point de vue de son inclinaison et de ses dimensions en hauteur et largeur.

L'inclinaison est la direction AB de la ligne qui limite le front vu de profil quand le sujet à examiner a un port de tête normal; les termes à employer pour désigner l'inclinaison sont : fuyant, vertical et parfois proéminent.

La hauteur du front est la distance AB qui sépare la ligne d'insertion naturelle des cheveux de la proéminence des arcades sourcilières.

La largeur du front (à voir de face) est la distance appréciée transversalement d'une tempe à l'autre.

Nez. — On examine le nez au point de vue de la forme de sa ligne dorsale et de l'inclinaison de sa base, puis des trois dimensions en hauteur, saillie et largeur; la largeur seule doit être vue de face.

Le dos du nez est envisagé de profil, depuis le creux de la racine C jusqu'au bout du nez D. Toutes les lignes dorsales se rattachent à l'une des formes suivantes :

Cave, rectiligne, convexe (abréviativement vexe) ou busqué (voir croquis).

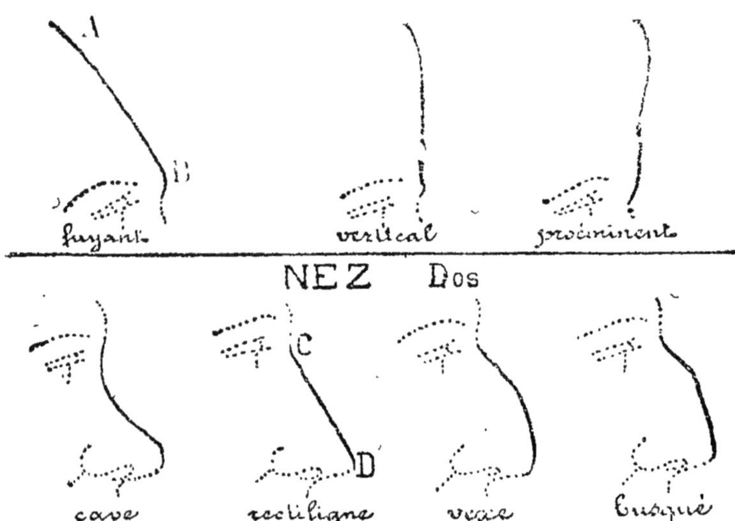

Dans la forme cave, la partie supérieure descend en ligne à peu près droite et la partie inférieure se porte en avant, de sorte que l'ensemble présente une ligne concave; dans la forme rectiligne, le dos du nez est droit de la racine au bout; dans la forme dite *vexe*, la ligne correspond à une courbe convexe à peu près régulière; le dos busqué est une variété du dos vexe, mais alors que ce dernier forme une courbe régulière, le dos busqué se compose de deux lignes légèrement courbes qui se coupent au tiers supérieur du dos du nez en formant un angle obtus.

Visage. — *Large*, la largeur de la face est presque égale à la hauteur.

Rond, peut être inscrit dans un cercle.

Long, développement anormal de la face en hauteur.

La forme du visage ovale, qui est celle du plus grand nombre, n'est pas à noter.

Renseignements physionomiques complémentaires.

Les renseignements qui suivent doivent seuls être inscrits, le cas échéant; il ne faudrait pas, par exemple, noter bouche moyenne ou menton rond, ces caractères n'ayant, en raison de leur fréquence, aucune valeur récognitive.

Nez tordu à gauche ou à droite, le bout du nez est à gauche ou à droite du milieu du visage; il s'agit de la gauche ou de la droite du sujet considéré.

Lèvres minces ou épaisses, caractères correspondant respectivement à la bouche pincée ou à la bouche lippue.

Bouche petite ou grande, d'une commissure à l'autre.

Menton fuyant, la ligne de profil du menton, considéré de haut en bas, se dirige vers l'arrière.

Menton saillant, la ligne de profil se dirige vers l'avant (menton de galoche).

Menton à fossette, creux rond ou allongé sur la pointe du menton.

Louche en dedans, le regard est dirigé du côté du nez.

Louche en dehors, le regard est dirigé vers l'extérieur.

Marques particulières. — Elles doivent toujours être repérées, exemple :

Cicatrice de coupure à 2 centimètres au-dessus du milieu du sourcil droit.

Cicatrice d'abcès, à 5 centimètres sous le lobe de l'oreille gauche.

Cicatrice de brûlure sur le dos de la main droite, à 2 centimètres au-dessus de l'index.

Cicatrice de furoncle, sur la face postérieure du cou, côté gauche.

Nævus, tache ronde colorée de la peau.

Envies, taches étendues, de forme irrégulière et de colorations variées rappelant les teintes suivantes : café au lait, vin, raisin, fraises, couenne, etc...

Tatouages, indiquer la couleur, le sujet, les dimensions.

Les nævus, envies et tatouages doivent être repérés comme il est indiqué ci-dessus pour les cicatrices.

L'usage de l'ancien modèle sera toléré jusqu'au 30 novembre 1912.

XVIII.

TRANSPORT DES DÉTENUS.

Circulaire relative au transfèrement des prisonniers sur les bâtiments de l'Etat.

Versailles, le 12 octobre 1871.

Messieurs, mon attention a été appelée sur un incident qui s'est produit à bord d'un navire de guerre entre l'autorité du bord et des gendarmes qui, chargés du transfèrement, par mer, de deux prisonniers, en ont été séparés et n'ont pu exercer sur eux aucune surveillance pendant la traversée.

Mon collègue de la marine, à qui j'ai dû en référer, me fait connaître que, d'après les règlements et usages de la marine, le gendarme, en mettant le pied sur un bâtiment de guerre, devient un simple passager soumis à la discipline du bord, cesse d'avoir la responsabilité des prisonniers qui lui étaient confiés et n'en reprend la garde qu'au moment du débarquement.

Il suit de là que, l'action de la gendarmerie étant complètement nulle sur les navires de guerre, il y a intérêt pour le Trésor et pour le service de l'arme à ne pas embarquer les gendarmes d'escorte sur ces navires.

En conséquence, j'ai arrêté, de concert avec M. le Ministre de la marine et des colonies, les dispositions suivantes :

A l'avenir, les gendarmes escortant des prisonniers destinés à être transférés par mer sur des navires de l'Etat remettront, au port d'embarquement, les prisonniers à l'autorité du bord, qui leur donnera récépissé des pièces et acte de la remise des prisonniers. A l'arrivée au point de débarquement, le commandant du navire requerra la gendarmerie de la localité la plus voisine et lui remettra, avec leurs pièces, les prisonniers qu'il aura reçus à son bord.

Toutefois, dans certaines circonstances exceptionnelles, telles que le transport d'urgence sur un petit navire à faible équipage d'un nombre relativement considérable de prisonniers, le commandant pourrait réclamer, au départ, l'assistance d'une escorte de gendarmerie sans laquelle l'opération lui paraîtrait impossible. Mais, ce cas échéant, les gendarmes devront demander à l'autorité du bord des instructions précises sur la nature du service qu'ils auront à faire et se conformer strictement à ces instructions, afin d'éviter des difficultés et des conflits qui pourraient résulter de leur ignorance des règlements du bord.

Il reste bien entendu que rien n'est changé en ce qui concerne les escortes de prisonniers sur les paquebots des Messageries maritimes. Elles continueront de s'effectuer ainsi qu'il a été prescrit pour les transfèrements de Marseille en Algérie et en Corse, et *vice versa*.

Veuillez bien donner des instructions dans ce sens aux commandants des compagnies sous vos ordres et m'accuser réception de la présente dépêche.

Général DE CISSEY.

Circulaire rappelant que le signalement des militaires voyageant sous l'escorte de la gendarmerie doit toujours être inscrit sur la feuille de route.

Paris, le 8 avril 1891.

Un grand nombre de militaires et de jeunes soldats dirigés, sous escorte de la gendarmerie, sur Marseille ou Port-Vendres, à destination de l'Algérie ou de la Tunisie, arrivent sans signalement.

Or, aux termes de l'article 407 du décret du 1er mars 1854 (1), en cas d'évasion d'un militaire confié à la garde de la gendarmerie, son signalement, extrait de la feuille de route ou du jugement, doit être sur-le-champ envoyé par le chef de l'escorte aux brigades voisines.

Le Ministre rappelle, en conséquence, aux chefs de corps, aux commandants des bureaux de recrutement et des établissements pénitentiaires militaires auxquels incombe la mise en route de ces hommes que le signalement de ces derniers doit toujours être inscrit sur leur feuille de route, sans préjudice des autres pièces réglementaires qui doivent les accompagner.

---

(1) Actuellement article 267 du décret du 20 mai 1903.

Circulaire relative à l'emploi des vagons de 3e classe fermés pour le transport des hommes voyageant sous escorte de la gendarmerie (1).

Paris, le 27 mars 1893.

Mon cher Général, j'ai l'honneur de vous transmettre, ci-joint, copie d'une circulaire en date du 2 février 1893, par laquelle M. le Ministre des travaux publics donne avis à MM. les administrateurs des compagnies de chemins de fer d'une modification apportée à l'article 16 de l'arrêté ministériel du 15 juin 1866 (2), relatif à l'application du tarif militaire sur les voies ferrées.

Je vous prie de vouloir bien donner les instructions nécessaires aux autorités militaires placées sous vos ordres pour assurer les effets de ladite circulaire.

Général Loizillon.

Paris, le 2 février 1893.

Messieurs, à la suite d'une correspondance échangée entre le département de la guerre et les six grandes compagnies de chemins de fer, au sujet du transport des détenus militaires dans des vagons de 3e classe comportant un ou plusieurs compartiments fermés, j'ai décidé, d'accord avec mon collègue, qu'il y avait lieu de modifier l'article 16 de l'arrêté ministériel du 15 juin 1866 relatif à l'application du tarif militaire sur les voies ferrées. Le nouvel article 16 pourrait être libellé comme il suit :

« Dans le cas où les départements de la guerre et de la marine feraient construire des voitures cellulaires pour le tranfèrement de leurs détenus, les employés et gardiens soit militaires, soit marins, ainsi que les détenus placés dans ces voitures, seront transportés au tarif militaire.

« Le transport des voitures cellulaires sera gratuit.

« Provisoirement, les administrations de la guerre et de la marine feront transférer leurs détenus dans un compartiment spécial de 2e ou de 3e classe à deux banquettes.

« Toutefois, dans le même train et sur un même parcours, il ne sera pas réservé plus de deux compartiments de 3e classe fermés pour les détenus et leurs gardiens.

« Si l'embarquement doit avoir lieu dans une gare de formation

---

(1) Voir la circulaire du 19 octobre 1893.

(2) Actuellement arrêté du 9 mai 1903. Voir l'article 17 de l'instruction du 11 décembre 1903, É. M., vol. 100².

de trains de voyageurs, avis du transport devra être donné à cette gare vingt-quatre heures à l'avance; lorsque l'embarquement aura lieu dans toute autre gare, ce délai sera porté à quarante-huit heures.

« Chaque compartiment, quel que soit le nombre des places occupées par les détenus et leurs gardiens, sera payé :

« Au prix de 0 fr. 20 par kilomètre en 2e classe, plus l'impôt dû au Trésor (1);

« Au prix de dix places au tarif militaire, soit 0 fr. 1375 par kilomètre en 3e classe, plus l'impôt dû au Trésor (2);

« Les détenus seront transbordés en cours de route lorsque les voitures dans lesquelles ils se trouveront ne suivront pas le même itinéraire qu'eux. »

Je vous serai obligé, lorsque vous m'adresserez votre réponse, à ma circulaire du 17 octobre 1892, par laquelle je vous ai communiqué un projet de revision totale de l'arrêté ministériel du 15 juin 1866 et de l'arrêté modificatif du 14 septembre 1888, de ne pas omettre de comprendre dans vos propositions le nouveau texte de l'article 16 précité.

Dans tous les cas, les dispositions que prévoit cet article peuvent être mises en vigueur dès maintenant sans attendre la publication de l'arrêté destiné à remplacer celui du 15 juin 1866.

Je vous prie, en conséquence, d'adresser aux agents de votre réseau les instructions nécessaires pour que le transport des détenus militaires s'effectue dorénavant en 3e classe sous les réserves ci-dessus indiquées.

Veuillez m'accuser réception de la présente circulaire.

Recevez, Messieurs, l'assurance de ma considération très distinguée,

Le Ministre des travaux publics,
Signé : VIETTE.

Circulaire portant interprétation des dispositions contenues dans la circulaire ministérielle du 27 mars 1893 réglant l'emploi des vagons de 3e classe fermés pour le transport des hommes voyageant sous l'escorte de la gendarmerie.

Paris, le 19 octobre 1893.

Mon cher Général, la vérification des comptabilités des transports de troupes a donné lieu de constater que les dispositions de

---

(1) Voir le tarif annexé à l'arrêté du 9 mai 1903 (volume 100).
(2) Voir le tarif annexé à l'arrêté du 9 mai 1903 (volume 100).

la circulaire du 2 février 1893 de M. le Ministre des travaux publics, relative au transport des détenus en compartiments de 3e classe, ne sont pas toujours bien appliquées.

Quelques fonctionnaires de l'intendance, et surtout des suppléants de sous-intendants, considérant l'emploi de la 2e classe comme facultatif, ont, en effet, délivré, comme par le passé, des bons de chemins de fer prescrivant l'emploi de la 2e classe.

En vue d'éviter le retour des irrégularités signalées et de fixer d'une manière précise l'interprétation de la circulaire du 2 février-27 mars 1893, j'ai l'honneur de vous prier de vouloir bien inviter MM. les fonctionnaires de l'intendance et leurs suppléants à appliquer strictement la circulaire ministérielle précitée, dans laquelle les militaires voyageant sous escorte de la gendarmerie doivent, en principe, être transportés en compartiments de 3e classe fermés, la 2e classe ne devant être employée que lorsque les deux compartiments de 3e classe réservés au transport de détenus dans le même train et sur le même parcours sont occupés.

Gal LOIZILLON.

Circulaire portant modification aux dispositions relatives à l'escorte des détenus transportés par voies de fer sur la ligne de Paris à Marseille.

Paris, le 28 octobre 1899.

Il résulte des transformations opérées dans le matériel de la compagnie du chemin de fer de Paris à Lyon et à la Méditerranée que les voitures de 3e classe entrant dans la composition des trains express de la ligne de Paris à Marseille ne doivent plus être que du modèle dit « à couloir ». Or, ces voitures ne comprennent qu'un compartiment fermé, le seul utilisable, ne contenant que neuf places.

Afin de ne pas modifier essentiellement les indications générales de la circulaire du 7 mars 1899, relative au transport, par voies de fer, des hommes voyageant sous escorte à destination de l'Algérie et de la Tunisie, il a été décidé que, sur ladite ligne de Lyon, exclusivement, le nombre de prisonniers à placer dans chaque compartiment fermé restera fixé à sept; seul, le nombre des gendarmes, qui est actuellement de trois, sera réduit à deux.

Dans le cas, cependant, où il s'agirait de prisonniers reconnus particulièrement dangereux, l'autorité militaire sera libre de désigner un troisième gendarme, qui sera placé dans le plus voisin des compartiments non fermés de la voiture désignée pour le transport.

Général GALLIFFET.

Circulaire relative à la mise en route sur les unités de discipline et les bataillons d'infanterie légère d'Afrique, des hommes des équipages de la flotte et des corps assimilés de la marine.

Paris, le 3 octobre 1905.

L'instruction du 20 juillet 1905 (*Bulletin officiel*, page 1080) indique la destination à donner aux hommes des équipages de la flotte et des corps assimilés de la marine désignés pour être dirigés sur les compagnies de fusiliers de discipline et des bataillons d'infanterie légère d'Afrique.

De concert avec M. le Ministre de la marine et dans le but de simplifier le mode de transport des hommes de ces catégories dirigés sous escorte à destination de l'Algérie et de la Tunisie, il a été décidé que les prescriptions contenues dans la circulaire du 7 mars 1899 (1) relative aux convois périodiques circulant sur les grandes lignes et aboutissant le cas à Marseille ou à Port-Vendres, leur seront rendues applicables.

A cet effet, ces hommes seront mis à la disposition des autorités militaires par les soins du chef de service de l'inscription maritime au chef-lieu d'arrondissement ou au port de débarquement d'après les indications du tableau ci-après :

DÉSIGNATION DES ARRONDISSEMENTS MARITIMES, stations navales, escadres, etc.	AUTORITÉS QUI DOIVENT POURVOIR au transport ou à l'incorporation des hommes.	OBSERVATIONS.
1er arrondissement maritime (Cherbourg).	Général commandant le 10e corps d'armée.	
Escadre du Nord (Cherbourg ou Brest).	Généraux commandant les 10e et 11e C. A. (1).	Selon que cette escadre est à Cherbourg ou à Brest.
2e et 3e arrond. maritimes (Brest et Lorient).	Général commandant le 11e corps d'armée.	
4e arrondissement maritime (Rochefort).	Général commandant le 18e corps d'armée.	
5e arrondissement maritime (Toulon).	Général commandant le 15e corps d'armée.	
Service de la marine en Corse.	Général commandant le 15e corps d'armée.	
Service de la marine en Algérie.	Général commandant le 19e corps d'armée.	
Service de la marine en Tunisie.	Général commandant la division d'occup. Tunisie.	

(1) Abrogée. (Voir circulaire du 16 mars 1925.)

Quant aux marins de la station locale de l'Annam et du Tonkin, de l'escadre de l'Extrême-Orient, de la station locale de Cochinchine et de la division navale de l'océan Indien, ceux désignés pour être affectés à une compagnie de fusiliers de discipline seront dirigés directement sur la section de discipline rattachée à un régiment d'infanterie coloniale (Tonkin, Cochinchine, Madagascar) la plus rapprochée; ceux désignés pour être dirigés sur les bataillons d'infanterie légère d'Afrique seront rapatriés en France et mis à la disposition des généraux commandant les 11e, 15e ou 18e corps d'armée, selon le port de débarquement (Nantes, Marseille ou Bordeaux).

Maurice BERTEAUX.

Circulaire relative au transport des prisonniers voyageant sous escorte dans les compartiments des voitures à couloir sur les réseaux d'Orléans et de Paris-Lyon-Méditerranée.

Paris, le 6 septembre 1907.

Dans le but d'utiliser les compartiments à neuf places des voitures à couloir dont sont composés presque exclusivement les trains express des compagnies d'Orléans et de Paris-Lyon-Méditerranée, le nombre des gendarmes chargés de l'escorte des détenus transportés sur ces deux réseaux, conformément aux dispositions de la circulaire du 7 mars 1899 (1), sera ramené de trois à deux, le nombre des prisonniers à placer dans chaque compartiment fermé restant fixé à sept.

Dans le cas où il s'agirait de prisonniers reconnus particulièrement dangereux, l'autorité militaire sera libre de désigner un troisième gendarme qui sera placé dans le plus voisin des compartiments non fermés de la voiture désignée pour le transport.

Ces prescriptions sont également applicables aux transports prévus par les circulaires des 26 juillet 1901 (2), 3 octobre 1905 et 15 juin 1906 (3).

Pour le Ministre :

Le Sous-Secrétaire d'Etat,

Henry CHÉRON.

---

(1) Abrogée. (Voir circulaire du 16 mars 1925.)
(2) Abrogée. (Voir circulaire du 16 mars 1925.)
(3) Abrogée par la circulaire du 1er avril 1921.

Circulaire relative au transport des hommes dirigés sur les sections de discipline.

Paris, le 1er avril 1921

Par suite de la création à l'île d'Oléron d'un détachement des compagnies de discipline d'Algérie et d'un détachement des bataillons d'infanterie légère d'Afrique (instruction du 29 avril 1906, *Bulletin officiel*, partie réglementaire, page 560), le transport sur l'île d'Oléron des hommes destinés à ces détachements avait dû faire l'objet de dispositions spéciales, que réglait la circulaire du 15 juin 1906 (volume 59[1], supplément, édition méthodique).

Du fait de ces dispositions, l'usage s'était établi de joindre aux convois de disciplinaires d'Algérie et de chasseurs des bataillons d'Afrique dirigés sur l'île d'Oléron, les hommes destinés à la section spéciale stationnée en ce dernier point.

La suppression des détachements visés ci-dessus à l'île d'Oléron, où n'existe plus qu'une section spéciale de discipline, rend désormais inutiles les formalités de transport prescrites par la circulaire du 15 juin 1906.

A l'avenir, les hommes envoyés aux sections spéciales de discipline seront dirigés sur ces sections dans les conditions fixées ci-après :

I. — Règles générales.

1° La mise en route des hommes a lieu, dans chaque corps, dès que parvient au chef de corps la décision du Ministre, prescrivant leur envoi sur une section spéciale de discipline.

Les effets à emporter sont ceux désignés au premier cas du tableau A de l'instruction sur le service de l'habillement (*Bulletin officiel*, édition méthodique, n° 3, du 22 janvier 1907.)

2° Tout homme dirigé sur une section spéciale de discipline est mis en route par les trains ordinaires de l'exploitation, où il occupe une place de 3e classe dans un compartiment quelconque. Il est conduit par un gradé énergique désigné par le chef de corps.

Suivant que l'homme a pour destination l'île d'Oléron ou la Corse, le gradé d'escorte l'accompagne :

a) Jusqu'au château d'Oléron, où il le remet *directement* au commandant de la section spéciale;

b) Jusqu'à Marseille, où il le remet au fort Saint-Jean (tour carrée) à l'autorité désignée en permanence à cet effet par le commandant d'armes à Marseille.

3° Si, dans un même corps ou dans une même garnison, plusieurs hommes sont à diriger simultanément sur une même section spéciale, la règle visée au paragraphe 2° (1er alinéa) reste applicable, étant entendu que le gradé d'escorte est alors désigné, suivant le cas, soit par le chef de corps, soit par le commandant d'armes.

4° Au cas exceptionnel où le nombre d'hommes visé ci-dessus dépasserait trois, il appartiendrait au chef de corps ou au commandant d'armes, après en avoir référé au besoin au général commandant la région, de décider s'il y a lieu de renforcer l'escorte et de faire réserver un compartiment spécial pour les hommes à mettre en route.

II. — Dispositions spéciales concernant le séjour des disciplinaires a Marseille et leur transport en Corse.

1° Le logement des disciplinaires à Marseille est assuré au fort Saint-Jean (tour carrée) par les soins du commandant d'armes de la place. Leur garde est assurée par le poste de police du fort.

2° Le transport par mer s'effectue en principe sur Bastia.

La date des convois normaux est réglée par le commandant d'armes, d'accord avec le chef du service des transports militaires, qui peut les modifier si les circonstances l'exigent et organiser les convois éventuels nécessaires en utilisant au besoin la ligne de Calvi.

A leur arrivée à Bastia, les disciplinaires sont, suivant le cas, dirigés sur Calvi (chemin de fer) ou sur Saint-Florent (voie de terre).

Ces mouvements sont réglés par le général gouverneur de la Corse, qui prend des mesures analogues pour le transfert des militaires des sections spéciales à destination du continent.

3° Le service des escortes est assuré, de Marseille à Bastia, par des gendarmes de Corse, permissionnaires ou de retour de mission et, à défaut, par des gendarmes de Marseille.

A cet effet, le commandant d'armes de Marseille fait connaître au commandant de l'arrondissement de gendarmerie :

a) Le nombre de disciplinaires à escorter en signalant, s'il y a lieu, ceux qui seraient à surveiller spécialement;

b) Le nombre de gendarmes de Corse en instance de rentrée dans l'île après permission ou mission;

e) Les conditions de l'embarquement (jour, bateau...).

Le commandant de l'arrondissement de gendarmerie donne alors les ordres nécessaires à la composition de l'escorte et rend compte au commandant d'armes.

4° Le retour sur leurs corps des gradés d'escorte ayant accompagné les disciplinaires jusqu'à Marseille s'effectue, en principe, le lendemain même de leur arrivée dans cette place.

En attendant leur mise en route, leur logement et leur subsistance sont assurés par le commandant du dépôt des isolés, à qui le commandant d'armes de Marseille donne les ordres nécessaires.

Les dispositions de la circulaire du *15 juin 1906* sont abrogées.

Circulaire relative au transport des détenus voyageant sous escorte.

Paris, le 16 mars 1925.

Les réformes récemment apportées dans l'organisation du service pénitentiaire militaire (décret du 16 janvier 1925 et instruction n° 01283 2/10 du 19 janvier 1925) ont modifié profondément la répartition des détenus dans les etablissements péniten tiaires militaires

Par suite de ces réformes, aucun condamné ou passager condamné de la métropole ne devant plus être transporté en Afrique du Nord pour y subir sa peine, la circulaire du 9 décembre 1924 relative aux transfèrements sous escorte est abrogée.

Mais il convient de réglementer par de nouvelles dispositions les conditions dans lesquelles les détenus seront à l'avenir acheminés sur leur destination pénale.

Le principe des économies posé dans la circulaire du 9 décembre 1924 (*Bulletin officiel*, page 3273) conserve toute sa valeur.

Pour permettre de réduire le plus possible les dépenses résultant du transport des détenus, il importe de réaliser un groupement nouveau des individus à transporter et une utilisation rationnelle des escortes.

Ces économies seront obtenues par l'application des principes suivants :

1° Organisation d'un seul convoi mensuel par itinéraire;

2° Réduction aussi grande que possible du nombre des gendarmes d'escorte et utilisation de cette escorte pour la conduite des prisonniers devant suivre l'itinéraire de retour;

3° Groupement en temps opportun des prisonniers en certains points de rassemblement pour permettre cette utilisation;

4° Les prisonniers ne pouvant voyager que dans des compartiments réservés et la totalité des places de ce compartiment étant toujours payée par l'Etat, éviter, dans toute la mesure du possible, de faire voyager les détenus par compartiments incomplets.

A l'avenir, les dispositions suivantes seront appliquées pour les transports sous escorte :

Gouvernement militaire de Paris.

La prison militaire de Paris reçoit comme passagers les condamnés des 1re, 2e, 3e et 5e régions destinés au pénitencier d'Albertville.

Ces condamnés, y compris ceux du gouvernement militaire de Paris ayant la même destination pénale, sont mis en route par les soins du gouvernement militaire de Paris sur la prison militaire de Lyon qui les acheminera ensuite sur leur destination finale.

Le convoi partira de Paris le 15.

Il ne devra comprendre que des compartiments complets; l'excédent éventuel sera conservé à la prison militaire de Paris jusqu'au convoi mensuel suivant dans lequel il sera compris par priorité. Les condamnés à maintenir seront choisis parmi les condamnés à la prison 1re catégorie.

Le général gouverneur militaire de Paris adressera, le 12, au général gouverneur militaire de Lyon, tous renseignements utiles sur l'horaire et la composition de ce convoi.

1re et 2e régions.

Les condamnés de la 1re région destinés à Paris et à Albertville seront mis en route, même par compartiments incomplets, par les soins du général commandant la 1re région.

Le convoi prendra au passage à Amiens les condamnés de la 2e région destinés également à Paris et à Albertville. Départ de Lille le 13.

Le général commandant la 1re région adressera le 10 tous renseignements utiles sur l'horaire et la composition du convoi au général commandant la 2e région, qui prendra les dispositions nécessaires pour que les condamnés de la 2e région puissent se joindre au convoi.

3e région.

Les condamnés de la 3e région destinés à Paris et à Albertville seront dirigés sur la prison militaire de Paris, le 13, par les soins du général commandant la 3e région.

Le convoi aura lieu même par compartiments incomplets.

4e région.

La prison militaire du Mans recevra comme passagers les condamnés des 10e et 11e régions destinés à Albertville.

Ces condamnés, y compris ceux de la 4e région ayant la même destination pénale, sont mis en route sur la prison militaire de Lyon, par les soins du général commandant la 4e région, même par compartiments incomplets.

Ce convoi prendra à Tours et à Bourges les condamnés des 9e et 8e régions destinés à Lyon et à Albertville.

Une entente devra s'établir entre les généraux commandant les 4e, 9e et 8e régions sur l'horaire et la composition du convoi. La 8e région n'ayant pas de prison militaire, il devra être réservé obligatoirement, dans le convoi au départ de Tours, le nombre de places nécessaires pour prendre les condamnés de la 8e région au passage à Bourges.

Le convoi devra arriver à Lyon le 16.

L'escorte de gendarmes ramènera au retour les condamnés des 8e et 9e régions destinés au Mans. Cette escorte, partant du Mans, ne devra donc pas être relevée avant Bourges.

5e région.

Les condamnés de toutes catégories de la 5e région sont dirigés sur Paris, même par compartiments incomplets.

Ceux destinés à Albertville sont ensuite dirigés sur leur destination pénale par les soins du général gouverneur militaire de Paris.

Départ d'Orléans le 13.

6e région.

Les condamnés de la 6e région destinés à Albertville et à Lyon sont dirigés sur la prison militaire de Strasbourg, par compartiments complets le 15.

M. le général gouverneur militaire de Strasbourg assurera la mise en route sur la destination finale.

7e région.

Les condamnés de la 7e région destinés à Lyon et à Albertville se joindront, en gare de Besançon, au convoi de condamnés dirigé de Strasbourg sur Lyon.

Le général commandant la 7e région fera connaître, pour le 13, au général gouverneur militaire de Strasbourg, le nombre des condamnés à comprendre dans le convoi.

D'autre part, M. le général gouverneur militaire de Strasbourg fera connaître, en temps utile, au général commandant la 7e région, l'heure du passage du convoi en gare de Besançon.

8e région.

Les condamnés de la 8e région destinés à Albertville et à Lyon se joignent, en gare de Bourges, au convoi venant du Mans (voir 4e région).

Les gendarmes escortant le convoi viennent du Mans. Ils doivent être relevés à Bourges et escorteront à leur retour sur Le Mans les condamnés de la 8e région à diriger sur la prison militaire de cette ville.

Le général commandant la 8e région prendra toutes dispositions utiles à cet effet.

La 8e région n'ayant pas de prison militaire, le convoi sur Le Mans sera organisé, même par compartiments incomplets. Ce convoi prend à son passage à Tours les condamnés de la 9e région destinés au Mans.

Une entente devra être établie à ce sujet entre les généraux commandant les 8e et 9e régions.

9e région.

Les condamnés de la 9e région destinés à Albertville se joignent, en gare de Tours, au convoi venant du Mans (voir 4e région).

Les condamnés destinés à la prison militaire du Mans se joignent, au passage à Tours, au convoi venant de Bourges (voir 8e région).

10e et 11e régions.

Les condamnés des 10e et 11e régions destinés à la prison militaire du Mans et au pénitencier d'Albertville sont dirigés sur la prison militaire du Mans par les soins des généraux commandant les régions intéressées, même par compartiments incomplets, les 10e et 11e régions n'ayant pas de prison militaire.

Départ de Rennes et de Nantes le 14.

12e région.

Les condamnés de la 12e région destinés à la prison militaire de Bordeaux sont mis en route sur Bordeaux par les soins du général commandant la 12e région le 15, même par compartiments incomplets.

L'escorte devant ramener les condamnés de la 18e région destinés à Albertville ne devra pas être relevée en cours de route.

Les condamnés de la 12e région destinés à Lyon et à Albertville se joindront, au passage à Limoges, au convoi venant de Bordeaux (voir 18e région).

Une entente devra s'établir préalablement au sujet de ces convois entre les généraux commandant les 12e et 18e régions.

Pareille entente devra également avoir lieu entre les généraux commandant les 12e et 13e régions, les condamnés de la 13e region destinés à Lyon et à Albertville devant se joindre au passage du convoi en gare de Gannat.

13e région.

Les condamnés de la 13e région destinés à Albertville et à Lyon se joindront en gare de Gannat au convoi venant de Limoges.

Une entente devra être établie en temps opportun entre les généraux commandant les 12e et 13e régions.

14e région.

Tous les condamnés de la métropole et de l'armée française du Rhin destinés au pénitencier d'Albertville transiteront par la prison militaire de Lyon.

M. le général gouverneur militaire de Lyon prendra toutes dispositions utiles pour faire transférer ces condamnés, y compris ceux de la 14e région, sur leur destination finale.

Les convois ne devront comprendre que des compartiments complets, mais devront être organisés de manière à ce que les condamnés passagers ne séjournent à la prison militaire de Lyon que le moins de temps possible.

15e région.

Les condamnés de la 15e région et les passagers provenant du

Levant ou des colonies destinés au pénitencier d'Albertville et à la prison militaire de Lyon seront dirigés sur la prison militaire de Lyon par les soins du général commandant la 15e région.

Le convoi prendra au passage en gare de Tarascon les condamnés en provenance de Montpellier destinés à Albertville ou à Lyon.

Une entente devra être établie entre les généraux commandant les 15e et 16e régions au sujet de l'organisation de ce convoi qui ne devra comprendre à partir de Tarascon que des compartiments complets, l'excédent possible étant conservé à la prison militaire de Marseille.

Départ de Marseille le 18.

16e région.

Les condamnés de la 16e région, ainsi que les passagers de la 17e région destinés à Lyon et à Albertville sont mis en route par les soins du général commandant la 16e région et se joignent à Tarascon au convoi dirigé de Marseille sur Lyon.

Une entente devra être établie, au préalable, entre les généraux commandant les 15e et 16e régions (voir 15e région).

17e région.

Les condamnés de la 17e région destinés à Albertville sont dirigés par les soins du général commandant la 17e région, même par compartiments incomplets, sur la prison militaire de Montpellier, où ils sont déposés comme passagers.

Départ de Toulouse le 14.

Les condamnés destinés à la prison militaire du Mans sont dirigés sur la prison militaire de Bordeaux dans les mêmes conditions.

Départ de Toulouse le 15.

18e région.

Les condamnés de la 18e région ainsi que les passagers de la 17e région, destinés au Mans, sont mis en route sur leur destination pénale par compartiments complets, par les soins du général commandant la 18e région.

L'excédent possible est conservé à la prison militaire de Bordeaux pour être compris par priorité dans le convoi mensuel suivant.

Départ de Bordeaux le 17.

Les condamnés de la 18e région destinés au pénitencier d'Albertville sont mis en route sur Limoges par les soins du général commandant la 18e région. L'escorte ayant amené à Bordeaux les condamnés de la 12e région est utilisée pour l'encadrement de ce convoi après avoir été complétée au besoin.

Départ de Bordeaux le 16.

Une entente s'établira entre les généraux commandant les 18e, 12e et 13e régions pour l'organisation de ce convoi qui sera mis en route même par compartiments incomplets.

20e région.

Les condamnés de la 20e région (Nancy), destinés à Strasbourg, Lyon et Albertville, sont dirigés sur la prison militaire de Strasbourg, même par compartiments incomplets, par les soins du général commandant la 20e région.

Départ de Nancy le 15.

Ceux de ces condamnés destinés à Albertville et à Lyon seront dirigés sur leur destination pénale par les soins de M. le général gouverneur militaire de Strasbourg.

Gouvernement militaire de Strasbourg.

La prison militaire de Strasbourg reçoit à titre de passagers les condamnés des 6e et 20e régions et de l'armée française du Rhin destinés à Lyon et à Albertville.

Ces passagers, ainsi que les condamnés du gouvernement militaire de Strasbourg, ayant la même destination pénale, sont dirigés sur la prison militaire de Lyon, par les soins du général gouverneur militaire de Strasbourg.

Départ de Strasbourg, le 17.

Ce convoi qui prendra obligatoirement au passage à Besançon les condamnés de la 7e région ne devra comprendre à partir de Besançon que des compartiments complets, l'excédent éventuel étant conservé à la prison militaire de Strasbourg pour être compris par priorité dans le convoi mensuel suivant.

Une entente devra s'établir entre M. le général gouverneur militaire de Strasbourg et le général commandant la 7e région pour l'organisation de ce convoi.

Armée français du Rhin.

Les condamnés militaires de l'armée française du Rhin destinés aux prisons militaires de Strasbourg et de Lyon et au pénitencier d'Albertville sont dirigés sur la prison militaire de Strasbourg d'où ils sont ensuite dirigés sur leur destination finale par les soins de M. le général gouverneur militaire de Strasbourg.

Ces condamnés devront être rendus à Strasbourg le 15.

ESCORTE.

En réduisant à un seul convoi mensuel les transfèrements sous escorte, l'organisation nouvelle allègera sensiblement le service de la gendarmerie; mais, pour permettre le jeu harmonieux des principes posés en tête de la présente circulaire et réduire vraiment les frais du transport, il importe que certaines escortes destinées à être utilisées au retour pour assurer la garde de nouveaux convois ne soient pas relevées entre certains points.

La constitution et la relève des escortes auront lieu par entente entre les généraux commandant les régions intéressés. Toutefois, pour leur permettre de ramener à leur point de départ les prisonniers qu'elles doivent prendre au terminus de leur voyage d'aller, les escortes ne devront pas être relevées entre les points ci-après :

Le Mans et Bourges;

Limoges et Bordeaux.

DISPOSITIONS GÉNÉRALES.

Pour permettre aux généraux intéressés d'organiser les convois qui leur incombent il est indispensable qu'ils soient avisés en temps utile des prisonniers à y comprendre :

Ces renseignements seront fournis sous la forme d'un état du modèle n° I ci-joint et seront adressés dans les conditions suivantes :

1° Au général gouverneur militaire de Strasbourg par les généraux commandant l'A. F. R., les 6e, 7e et 20e régions, pour le 12;

2° Au général commandant la 4e région, par les généraux commandant les 8e, 9e, 10e et 11e régions, pour le 12;

3° Au général gouverneur militaire de Paris, par les généraux commandant les 1re, 2e, 3e et 5e régions, pour le 11;

4° Aux généraux commandant les 8e et 9e régions par le général commandant la 4e région, pour le 14;

5° Au général commandant la 18e région, par les généraux commandant les 12e, 13e et 17e régions, pour le 12;

6° Aux généraux commandant les 12e et 13e régions, par le général commandant la 18e région, pour le 14;

7° Au général commandant la 16e région, par le général com mandant la 17e région, pour le 11;

8° Au général commandant la 15e région, par le général commandant la 16e région, pour le 13.

9° Au général commandant la 14e région, en ce qui concerne les prisonniers destinés à Lyon et à Albertville, pour le 14;

a) Par le général gouverneur militaire de Paris (ensemble des prisonniers du G. M. P. et des 1re, 2e, 3e et 5e régions);

b) Par le général gouverneur militaire de Strasbourg (ensemble des condamnés du gouvernement militaire de Strasbourg, de l'armée française du Rhin et des 6e, 7e et 20e régions);

c) Par le général commandant la 4e région (ensemble des condamnés des 4e, 8e, 9e, 10e et 11e régions);

d) Par le général commandant la 18e région (ensemble des prisonniers des 12e, 13e, 17e et 18e régions);

e) Par le général commandant la 15e région (ensemble des condamnés des 15e et 16e régions).

Pour éviter toute perte de temps dans la remise des prisonniers, les chefs d'escorte seront porteurs d'une feuille de transfèrement du modèle n° 2 ci-joint à laquelle se trouveront annexés les ordres de conduite individuels et les pièces à l'appui.

Arrivé aux points de relèvement, le chef d'escorte remettra à celui désigné pour le remplacer les ordres de conduite et les expéditions de chacune des feuilles de transfèrement; il se fera donner, sur une expédition qu'il conservera, un reçu des prisonniers afin que ses chefs puissent constater à son retour qu'il a rempli sa mission.

A l'arrivée à destination finale, les prisonniers seront écroués et le chef d'escorte en tirera reçu dans les conditions ci-dessus.

Il sera établi autant de feuilles de transfèrement qu'il y aura de destinations définitives.

Exemple : Le général commandant l'A. F. R. fera établir des feuilles de transfèrement séparées pour les prisonniers destinés : *a*) à la prison militaire de Strasbourg, *b*) à la prison militaire de Lyon, *c*) au pénitencier d'Albertville.

Les régions ayant à utiliser les gendarmes comme escorte sur leur itinéraire de retour ne perdront pas de vue l'économie à réaliser en groupant si possible l'ensemble des gendarmes et des détenus pour en constituer un ou plusieurs compartiments complets. En supposant, à titre d'exemple, que l'escorte du Mans sur Bourges ait nécessité 6 gendarmes d'escorte et qu'il n'y ait à diriger à son retour que 4 détenus de Bourges sur Le Mans, l'organisation du convoi devrait se faire ainsi : un compartiment réservé comprenant les quatre détenus et cinq gendarmes, le sixième gendarme voyageant isolément.

Enfin, il appartiendra aux généraux intéressés d'assurer le transfert, sur des destinations autres que celles prévues par la présente circulaire, des prévenus ou inculpés devant comparaître devant un conseil de guerre autre que celui du territoire sur lequel ils ont été arrêtés.

Toutes dispositions devront être prises pour que ces transferts soient effectués le plus économiquement possible.

A titre d'exemple, si un prévenu ou inculpé arrêté sur le territoire de la 5e région doit comparaître devant le conseil de guerre de la division d'Alger, le général commandant la 5e région le dirigera sur Paris avec les condamnés de la 5e région, et le général gouverneur militaire de Paris le fera transférer sur Lyon avec les condamnés destinés à Albertville. Il appartiendra alors à M. le général gouverneur militaire de Lyon de faire transférer cet individu sur Marseille et au général commandant la 15e région d'assurer son embarquement pour Alger.

MODÈLE N° 1.

(Indiquer la région d'origine.)

Etat numérique des individus composant le convoi mensuel du mois de

DESTINATION DÉFINITIVE.				COMPOSITION de L'ESCORTE.	ITINÉRAIRE DÉTAILLÉ et horaire du convoi.	OBSERVATIONS.
PARIS.	LYON.	ALBERTVILLE.	ETC.			

, le

Le Général commandant la région,

Modèle n° 2.

(Indiquer la région d'origine.)

FEUILLE DE TRANSFÈREMENT

DU 19 .

Composition de l'escorte.

NOMS.	GRADES.	RÉSIDENCE.	LIEU de DÉPART.	DESTI-NATION.	OBSER-VATIONS.

A , le 19 .

Le Commandant de l'arrondissement,

· RÉGION.

Etat nominatif des individus transférés le provenant de la prison militaire de à destination de

NOMS et PRÉNOMS.	CORPS ou ÉTABLISSEMENTS d'origine.	AUTORITÉ qui A REQUIS le transfèrement.	POINT de DÉPART.	DESTINATION PÉNALE.	PIÈCES JOINTES à l'ordre de transfèrement.	OBSERVATIONS.

A , le

Le Commandant d'armes,

Reçu les prisonniers désignés ci-dessus au nombre de et les pièces qui les accompagnent.

A , le

Le Chef de la nouvelle escorte,

Nota. — Cet état est établi pour chaque destination finale et en nombre d'exemplaires suffisant pour que chaque chef d'escorte en conserve un exemplaire et qu'il en reste deux exemplaires à l'arrivée à destination.

XIX.

VENTE DES EFFETS MOBILIERS DÉPOSÉS DANS LES GREFFES.

Ordonnance du Roi contenant de nouvelles dispositions pour l'exécution de celle du 22 février 1829, relative à la vente des effets mobiliers déposés dans les greffes des cours et tribunaux.

Sainte-Menehould, le 9 juin 1831.

LOUIS-PHILIPPE, roi des Français,

Vu l'ordonnance royale du 22 février 1829, relative à la vente des effets mobiliers déposés dans les greffes des cours et tribunaux;

Considérant que de nouvelles dispositions sont nécessaires pour assurer avec plus d'efficacité l'exécution de l'ordonnance ci-dessus mentionnée;

Sur le rapport de notre Ministre Secrétaire d'État des finances,

Nous avons ordonné et ordonnons ce qui suit :

Art. 1er. L'administration des domaines est autorisée à faire provoquer de six mois en six mois, auprès des procureurs généraux près les cours royales et des procureurs du Roi près les tribunaux de première instance, la remise que les greffiers, geôliers et autres dépositaires doivent faire au domaine, en conformité de l'ordonnance du 22 février 1829, des objets mobiliers déposés et susceptibles d'être vendus.

Art. 2. Les sommes en deniers comptants sont comprises au nombre des objets mobiliers qui doivent être remis au domaine.

Art. 3. Les procureurs du Roi près les tribunaux de première instance sont tenus de vérifier et de certifier l'exactitude de la requête que les greffiers, geôliers et autres dépositaires doivent présenter au président du tribunal civil pour être autorisés à faire la remise au domaine des objets susceptibles d'être vendus.

Art. 4. Sont exceptés de cette remise les papiers appartenant à des condamnés ou à des tiers, lesquels papiers resteront déposés dans les greffes, pour être remis à qui de droit, s'il y a lieu.

Art. 5. Les dispositions ci-dessus sont applicables aux effets déposés dans les greffes des conseils de guerre et des tribunaux maritimes, ainsi que dans les prisons militaires et maisons de détention de la marine (1).

(1) Voir l'instruction du 21 décembre 1899, art. 43, vol. 59[3], sur les dépenses et l'administration des tribunaux militaires.

Art. 6. Notre Garde des sceaux et notre Ministre secrétaire d'Etat des finances sont chargés, chacun en ce qui le concerne, de l'exécution de la présente ordonnance.

XX

DIVERS.

Circulaire prescrivant l'envoi aux établissements pénitentiaires militaires d'un extrait du registre médical d'incorporation des militaires condamnés.

Paris, le 30 janvier 1911.

Le Ministre a décidé d'étendre aux détenus militaires les dispositions de la notification du 21 novembre 1891 (vol. n° 83, p. 383).

A cet effet, lorsqu'un militaire aura été l'objet d'une condamnation sans sursis, il sera établi, par les soins du corps d'origine, un extrait du registre médical d'incorporation (modèle n° 20), signé par le médecin-chef du corps d'origine et contenant toutes les indications réglementaires concernant cet homme.

Cet extrait sera adressé, sans retard, au commandant de l'établissement pénitentiaire militaire dans lequel le condamné subira sa peine.

Un duplicata de cet extrait, complété par la mention des maladies ou accidents survenus pendant la détention, sera transmis, par les soins de l'établissement, au corps sur lequel aura été dirigé le condamné lors de son élargissement.

Circulaire relative à la mise en route sur les bataillons d'infanterie légère d'Afrique des hommes des équipages de la flotte et des corps assimilés de la marine.

Paris; le 24 mars 1911.

De concert avec M. le Ministre de la marine et dans le but de simplifier le mode de transport des hommes des équipages de la flotte et des corps assimilés de la marine dirigés sous escorte sur les bataillons d'infanterie légère d'Afrique, il a été décidé que les prescriptions de la circulaire du 18 juillet 1908 (1) relative aux convois périodiques leur seront rendues applicables.

A cet effet, les hommes de l'armée de mer, présents en France, en Corse, en Algérie et en Tunisie, à diriger sur les bataillons d'infanterie légère d'Afrique, seront immédiatement remis entre les mains du commandant d'armes du lieu de stationnement ou de débarquement.

Ils devront être en possession de leur livret individuel.

Si le lieu de stationnement ou de débarquement n'est pas ville de garnison, la remise des intéressés sera faite, sous escorte, au commandant d'armes le plus rapproché.

Le dépôt ou le bâtiment auquel appartiendra l'homme destiné aux bataillons d'Afrique fera remettre au commandant d'armes, en même temps que l'homme, les pièces suivantes :

1° Un état des services relatant les condamnations subies par l'intéressé et les interruptions de service qui en sont la conséquence ;

2° Un relevé des punitions ;

3° Un extrait de la situation financière.

Les commandants d'armes assureront par les convois périodiques le transport des hommes qui leur seront remis et la transmission des pièces les concernant aux autorités militaires intéressées.

La réintégration dans les équipages de la flotte des hommes de l'armée de mer incorporés dans un bataillon d'infanterie légère d'Afrique est toujours prise par le Ministre de la marine sur la proposition de l'autorité militaire dont dépend l'homme.

Les hommes qui bénéficient d'une décision de réintégration sont dirigés sur le 5e dépôt des équipages de la flotte par les soins de l'autorité militaire.

Circulaire relative au mode de transfèrement des militaires en prévention de conseil de guerre.

Paris, le 10 avril 1912.

L'attention du Ministre a été appelée sur la fréquence des déplacements imposés aux gendarmes pour conduire à la prison militaire du corps d'armée les militaires en prévention de con-

---

(1) Abrogée. (Voir circulaire du 16 mars 1925.)

seil de guerre. Ces déplacements pourraient être souvent réduits si l'on groupait, pour leur transfèrement, les militaires appartenant à la même garnison et aux garnisons voisines. Cette pratique aurait le double avantage de réduire les dépenses et de simplifier le service de la gendarmerie en diminuant le nombre des escortes.

En vue de remédier à l'état de choses actuel, il y aura lieu de se conformer à l'avenir aux prescriptions suivantes :

Les rapporteurs près les conseils de guerre adresseront aux chefs de corps les demandes de transfèrements qu'ils estimeront pouvoir être faits simultanément sans nuire à la marche de l'instruction, en leur indiquant la date choisie pour cette opération. La gendarmerie sera avisée en même temps, et au moins quatre jours à l'avance, du jour où il conviendra de procéder à ces transfèrements et de la provenance des militaires à conduire. Elle prendra toutes les mesures nécessaires en vue de réduire au strict indispensable le nombre des escortes.

Circulaire relative aux mesures à prendre en vue de l'expulsion des ex-Français qui ont acquis une nationalité étrangère dans le but de se soustraire à leurs obligations militaires (1).

(Suite aux circulaires 11774, 16592, 17522 et 20942 2/10 des 24 avril, 18 et 25 juin et 25 juillet 1923) (2).

Paris, le 31 août 1923.

Les insoumis et les déserteurs qui ont acquis une naturalisation étrangère dans des conditions opposables aux lois françaises n'en doivent pas moins répondre de leur délit s'il n'est pas couvert par la prescription de l'action publique.

Ceux qui, après avoir bénéficié de la prescription, pénétreront sur le sol français, feront systématiquement l'objet d'un arrêté d'expulsion rendu par M. le Ministre de l'intérieur.

Pour me permettre de signaler à mon collègue de l'intérieur tous ceux qui pourraient encourir l'application de ces mesures, je vous prie de vouloir bien inviter les commandants des bureaux de recrutement, les chefs de corps et de services,

---

(1) Modifiée conformément à la circulaire du 9 novembre 1923.
(2) Non insérées au *Bulletin officiel*.

situés dans l'étendue de votre commandement, à m'adresser, sous le présent timbre, un état faisant connaître, en même temps que l'état civil complet des déserteurs ou insoumis connus pour avoir été admis au bénéfice d'une nationalité étrangère dans les conditions ci-dessus indiquées, tous renseignements sur la date et les circonstances de leur infraction, ainsi que sur la date de leur naturalisation et sur leur résidence actuelle.

Un état conforme me sera désormais adressé chaque fois que les bureaux de recrutement seront avisés qu'un déserteur ou un insoumis est dans l'une des situations ci-dessus spécifiées.

Le gouvernement de la République attache le plus grand intérêt à ce que l'entrée sur le territoire français soit et demeure interdit à ceux qui ont contracté une nationalité étrangère pour se soustraire, à l'heure du danger, à leurs devoirs envers la France.

J'appelle donc d'une façon spéciale toute votre attention sur la nécessité d'assurer la ponctuelle application des dispositions qui font l'objet de la présente circulaire.

Circulaire relative à la destination à donner aux armes saisies et déposées dans les greffes des conseils de guerre à l'occasion de procès définitivement jugés.

Paris, le 15 mai 1924.

Il a été signalé au Ministre que les parquets des tribunaux militaires n'opéreraient pas de façon uniforme en ce qui concerne la destination à donner aux armes saisies et déposées dans les greffes des conseils de guerre à l'occasion de procès définitivement jugés.

Aux termes de l'article 1er de la loi du 24 mai 1854, modifié par la loi du 27 décembre 1916, « dans tous les cas, les armes et les engins prohibés seront confisqués et détruits à la diligence du procureur de la République ».

Cette disposition est applicable devant les conseils de guerre (article 267 du Code de justice militaire) et le commissaire du gouvernement est substitué au procureur de la République pour son exécution.

Les débris de ces armes et engins doivent être, conformément à la règle générale (article 43 de l'instruction du 21 décembre

1899, *Bulletin officiel*, volume 59[3]), après autorisation du président du tribunal civil, remis aux préposés de l'administration des domaines, à qui incombe le soin d'en réaliser la vente.

Si les armes et munitions saisies ont été volées au préjudice de l'Etat, elles doivent lui être restituées, conformément aux dispositions de l'article 139 du Code de justice militaire; dans ce cas, après clôture définitive de l'affaire, il convient d'en opérer le versement, dans l'état où le matériel se trouvait lors de la saisie, à l'établissement ou service de l'artillerie le plus voisin du lieu où siège le conseil de guerre dépositaire de ce matériel.

Circulaire rappelant que l'autorité militaire doit faire prendre livraison dans les mairies des chefs-lieux d'arrondissement des armes de guerre confisquées ou saisies par les tribunaux ordinaires.

Paris, le 5 février 1925.

Aux termes de l'article 4 de l'arrêté interministériel (finances, intérieur, guerre), du 6 mai 1852, les armes de guerre de fabrique française ou étrangère, confisquées ou saisies par les tribunaux ordinaires à l'occasion de procès définitivement jugés et remises à l'administration des domaines sont déposées dans les mairies des chefs-lieux d'arrondissement, en conformité de l'ordonnance du 24 juillet 1816, pour être transportées aux arsenaux.

M. le Ministre de l'intérieur a donné les instructions nécessaires pour que MM. les Maires des chefs-lieux d'arrondissement préviennent le général commandant la région lorsque le dépôt de ces armes sera effectué dans lesdites mairies.

Par suite, l'autorité militaire devra, dès qu'elle aura été avisée par MM. les Maires intéressés, prendre d'urgence toutes mesures utiles pour l'enlèvement de ces armes et leur transport à l'établissement d'artillerie le plus voisin.

Un reçu de ce matériel sera remis à la mairie livrancière.

TABLE MÉTHODIQUE

TABLES

TABLE CHRONOLOGIQUE

TABLE ALPHABÉTIQUE

D

Pages.

E

F

I

Pages.

CHARLES-LAVAUZELLE ET Cie, PARIS, LIMOGES, NANCY.

Imprimerie militaire
CHARLES-LAVAUZELLE & Cie
PARIS LIMOGES, NANCY